Un instant pour soi

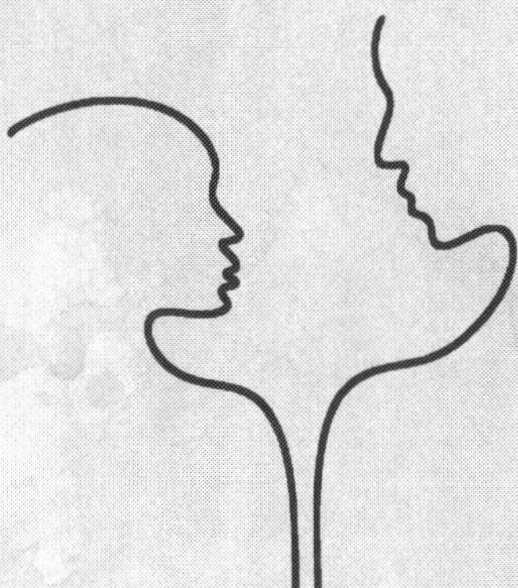

Zakaryae Jilal :

Auteur Passionné et Créateur de Connexions à Travers les Mots

je m'appelle Zakaryae Jilal, un jeune passionné par l'art de l'écriture. Ma plume a donné vie à plusieurs livres, tous disponibles sur la plateforme Amazon. À travers mes écrits, je m'efforce de capturer l'essence des émotions et des expériences humaines. Si tu souhaites plonger dans mon univers littéraire, je partage régulièrement mes créations sur Instagram sous le pseudonyme zakaryae_writings (+155k)

Pour des instantanés de ma vie quotidienne et des aperçus de mes réflexions, tu peux me suivre sur Snapchat avec le nom d'utilisateur "cequejecris". En outre, j'anime une page sur Facebook intitulée "Mes Écritures", rassemblant une communauté de plus de 900 000 abonnés passionnés d'écriture. C'est un lieu où nous partageons nos pensées, nos histoires et où je trouve une inspiration infinie en interagissant avec cette communauté vibrante.

Si tu as une passion pour les mots et les réflexions profondes, je t'invite à rejoindre ces espaces où l'écriture devient un moyen de connecter les esprits et de créer des liens au-delà des pages. Merci de faire partie de ce voyage littéraire avec moi !

Bienvenue dans le monde fascinant de mon dernier ouvrage, un livre qui transcende les simples citations pour devenir une véritable aventure littéraire. Dans ce recueil, je t'invite à explorer non seulement des mots, mais également des explications approfondies qui te transporteront dans un voyage unique à travers chaque citation. Chaque page est une invitation à plonger dans une aventure de lecture immersive, où tu ne seras pas simplement lecteur, mais un acteur, vivant et comprenant chaque nuance des mots qui t'entourent.

À travers ces citations, je dévoile des fragments de ma vision du monde, des instants capturés qui résonnent avec des émotions et des expériences universelles. Mais ce livre va au-delà. Chaque citation est accompagnée d'une exploration détaillée, une sorte de guide pour t'accompagner dans les méandres de sa signification. Imagine-toi comme un explorateur des mots, naviguant à travers les paysages complexes de chaque citation, découvrant des trésors de sens cachés.

Cette lecture n'est pas simplement un acte passif ; c'est une expérience dynamique où tu es invité à vivre chaque mot, à ressentir chaque émotion, et à comprendre chaque nuance. Prépare-toi à devenir le protagoniste de cette aventure littéraire, car chaque citation est une porte ouverte vers une exploration personnelle. Alors, embarque avec moi dans cette épopée où les mots ne sont pas simplement lus, mais vécus intensément. L'aventure commence dès que tu ouvres ces pages, prêt à être le héros de ta propre compréhension.

“

Que le mois de janvier soit empreint de paix, de bonheur et de bénédictions. L'amour t'attend, la guérison t'embrasse, et d'excellentes nouvelles t'attendent; aie foi en elles

UN INSTANT POUR SOI

”

SAGESSE SOUS-JACENTE

Alors que nous entrons dans ce nouveau mois de janvier, je souhaite de tout cœur que cette période soit empreinte de paix, de bonheur et de bénédictions pour toi. Permets à l'amour de s'insinuer dans chaque jour, en cultivant des moments de tendresse envers toi-même et envers les autres. Que la guérison soit comme une douce étreinte, apportant apaisement et réconfort là où elle est nécessaire. Sois ouvert à l'arrivée d'excellentes nouvelles, qu'elles soient petites ou grandes, et accueille-les avec gratitude. Aie foi en ces opportunités et en la magie qui peut émerger dans ta vie. Chaque jour est une toile vierge, prête à être peinte avec les couleurs de tes aspirations et de tes rêves. Saisis chaque moment avec intention, car c'est dans la croyance en un avenir prometteur que se construit une réalité épanouissante. Puisses-tu être entouré d'énergies positives, de réussites inattendues et de moments de joie profonde tout au long de ce mois.

Zakaryae Jilal

"

Lorsque l'amour s'épanouit avec la personne la moins probable, au moment le plus inattendu, naît souvent la plus belle des histoires d'amour

UN INSTANT POUR SOI

"

SAGESSE SOUS-JACENTE

La vie a une manière surprenante de tisser des histoires d'amour inattendues. Ne te limite pas aux attentes préconçues et sois ouvert aux rencontres inattendues. Souvent, l'amour fleurit dans les endroits les moins probables, avec des personnes que tu n'aurais jamais imaginé. Les connexions qui se forment au moment le plus inattendu peuvent être les plus belles et les plus significatives. Cultive une attitude d'ouverture envers les opportunités qui se présentent à toi, car l'amour ne suit pas toujours un plan préétabli. Sois prêt à embrasser l'inattendu et à tisser des liens authentiques avec ceux que tu croises sur ton chemin. Les plus belles histoires d'amour sont souvent celles qui défient les conventions et émergent de l'imprévu. Laisse-toi guider par ton cœur, explore les chemins inexplorés de la vie, et tu pourrais bien découvrir une histoire d'amour qui transcende toutes tes attentes. La beauté réside parfois dans l'imprévisibilité de l'amour, alors laisse-la s'épanouir naturellement et embrasse chaque moment avec gratitude.

Zakaryae Jilal

> Rien n'est plus fort qu'une personne détruite qui s'est reconstruite

UN INSTANT POUR SOI

SAGESSE SOUS-JACENTE

Lorsque la vie te met à genoux et que tu ressens que tout s'effondre autour de toi, rappelle-toi que rien n'est plus puissant qu'une personne qui a été brisée et qui a trouvé la force de se reconstruire. Les épreuves peuvent sembler insurmontables, mais chaque défi est une opportunité de croissance. Les cicatrices ne sont pas des marques de faiblesse, mais des témoignages de ta résilience.

La force qui émerge de la reconstruction après la destruction est une lumière intérieure qui ne peut être éteinte. Transforme chaque douleur en une pierre pour bâtir ton propre édifice de force. Souviens-toi que les moments difficiles ne définissent pas qui tu es, mais plutôt comment tu choisis de répondre à ces moments. Trouve ta force dans la vulnérabilité et laisse chaque épreuve sculpter la personne remarquable que tu es destiné à devenir.

N'oublie jamais que les plus belles histoires sont souvent celles de renaissances après des chutes vertigineuses. Lorsque tu te reconstruis, tu deviens l'architecte de ta propre destinée, capable de créer une vie plus résiliente et épanouissante. Alors, ne crains pas la destruction, car c'est souvent dans la reconstruction que l'on trouve une force inattendue et une beauté profonde.

Zakaryae Jilal

“

L’une des meilleures leçons que tu peux apprendre dans la vie, c’est de garder le silence là où tout le monde attend ta colère

UN INSTANT POUR SOI

”

SAGESSE SOUS-JACENTE

Au cœur de la sagesse réside la capacité de choisir le silence lorsque la fureur semble inévitable. C'est dans les moments où les tempêtes émotionnelles menacent de submerger que ta paix intérieure devient la plus précieuse. En gardant le silence face à l'attente de colère, tu démontres une force bien plus grande : celle de la maîtrise de soi.

Le silence n'est pas une faiblesse, mais une expression de puissance intérieure. Dans ce calme apparent, tu préserves ton énergie et tu choisis délibérément la réflexion sur la réaction impulsive. C'est une leçon profonde sur la manière dont la tranquillité peut être une arme plus redoutable que la colère.

Chaque moment où tu choisis de rester silencieux là où l'orage semble imminent, tu te donnes la chance de grandir. C'est une invitation à explorer la force de la patience et la beauté de la réserve. Alors, dans ces instants tendus, considère le silence comme une manifestation de ta maîtrise émotionnelle, une leçon qui transcende le tumulte extérieur pour te guider vers une paix intérieure inébranlable.

Zakaryae Jilal

DESTIN

❝

Il arrivera un jour où tu te trouveras au bon endroit, au moment parfait, en compagnie de la personne qui complètera ton bonheur

UN INSTANT POUR SOI ❞

SAGESSE SOUS-JACENTE

Dans la symphonie complexe de la vie, sache que chaque note discordante, chaque pause et chaque crescendo contribuent à la mélodie unique de ton existence. Il y aura un jour où, sans t'y attendre, tu seras enveloppé par l'harmonie du bon endroit, du moment parfait, et de la présence d'une personne qui fera écho à la musique de ton cœur. Sois patient, car ce jour sera une réponse silencieuse à toutes les questions qui ont tissé leur toile dans ton esprit.

Cultive la gratitude pour chaque note, même celles qui semblent désaccordées, car elles façonnent la symphonie complète. Prépare-toi à recevoir ce moment comme une offrande de l'univers, une rencontre qui complétera les creux et les sommets de ton bonheur. Que chaque étape de ton voyage serve de préparation, une répétition pour le grand crescendo qui t'attend.

Souviens-toi, la vie est une œuvre en constante évolution, et le tableau final se dévoilera lorsque tu t'y attendras le moins. Alors, écoute attentivement la mélodie de l'instant présent, car dans ses notes, tu trouveras des indices de la symphonie à venir. L'avenir réserve des accords inattendus, des crescendos passionnés, et une harmonie qui complétera le chef-d'œuvre que tu es destiné à devenir.

Zakaryae Jilal

" Aie foi en la promesse que l'avenir réserve toujours quelque chose de merveilleux pour ceux qui y croient

UN INSTANT POUR SOI "

SAGESSE SOUS-JACENTE

Au cœur de la vie, il y a une promesse silencieuse, un pacte entre le présent et l'avenir. Crois en cette promesse, car elle murmure que des merveilles inattendues t'attendent au tournant du temps. L'avenir est une toile vierge, une page blanche où chaque pensée positive, chaque rêve chéri, devient une empreinte qui sculpte le paysage à venir.

La foi est le phare qui guide à travers les nuits les plus sombres, une lueur qui persiste même lorsque les étoiles semblent éteintes. En croyant en la promesse de l'avenir, tu te permets d'ouvrir ton cœur aux possibilités infinies qui attendent d'être dévoilées. Chaque défi, chaque moment d'incertitude, devient une opportunité de témoigner de la puissance de cette foi.

Aie confiance en ton parcours, car même dans les moments difficiles, la promesse demeure que quelque chose d'extraordinaire émerge de l'ombre. C'est dans la conviction que réside la magie de voir l'avenir non pas comme une énigme à déchiffrer, mais comme une aventure pleine de promesses. Ainsi, maintiens ta foi intacte, car dans cette croyance résident les clés qui ouvrent les portes des merveilles à venir.

Zakaryae Jilal

AUTHENTICITÉ

“

Il est préférable de ne pas être aimé du tout plutôt que de l'être de manière insincère.

UN INSTANT POUR SOI ”

SAGESSE SOUS-JACENTE

Dans les méandres complexes de la vie, sache que la sincérité est le pilier fondamental des relations authentiques. Il vaut mieux goûter à la solitude de ne pas être aimé que de se perdre dans le labyrinthe trompeur de l'affection feinte. La véritable beauté des connexions réside dans la transparence émotionnelle, là où les sentiments sont offerts sans artifice ni masque.

Choisis la qualité plutôt que la quantité dans les liens que tu tisses. L'amour sincère, même s'il semble rare, est un trésor qui vaut bien plus que les faux éloges. Ne crains pas la solitude qui découle du refus de l'insincérité, car elle te permet de grandir dans l'authenticité et d'apprécier la valeur des relations véritables.

Souviens-toi, le cœur a une mémoire infaillible pour la vérité. Préserve ton énergie émotionnelle pour ceux qui reconnaissent et chérissent la personne réelle que tu es. En optant pour l'authenticité, tu crées un espace où seules les relations sincères peuvent fleurir. Ne sacrifie jamais ta véritable essence pour un amour de façade, car la plus grande richesse réside dans l'intégrité de tes relations, même si elles sont moins nombreuses.

Zakaryae Jilal

DÉTACHEMENT

"

Ignorer ceux qui te font du mal, c'est leur enlever beaucoup de pouvoir sur toi

UN INSTANT POUR SOI

"

SAGESSE SOUS-JACENTE

Au cœur de la sagesse réside la puissance de l'indifférence envers ceux qui semèrent la discorde. En ignorant ceux qui te font du mal, tu dévoiles la force de ta résilience. L'énergie que tu déploies pour nourrir la colère et l'affliction est mieux investie dans la croissance personnelle. En refusant de donner de l'importance à ceux qui cherchent à te blesser, tu leur ôtes le pouvoir de perturber la paix de ton esprit.

Se détourner de la négativité est un acte de préservation de soi, une déclaration silencieuse que tu refuses d'être emprisonné dans le chaos qu'ils tentent de semer. C'est un choix conscient de ne pas laisser leur venin contaminer le jardin fertile de ta paix intérieure. En focalisant ton énergie sur l'amour-propre et l'épanouissement personnel, tu élèves ta conscience au-dessus de la discorde et du ressentiment.

Rappelle-toi que l'indifférence n'est pas une faiblesse, mais plutôt une manifestation de ton pouvoir intérieur. En t'abstenant de nourrir les flammes de la confrontation, tu deviens le gardien de ta tranquillité. Ainsi, laisse l'indifférence être ton bouclier, te préservant des influences néfastes, et permets à ta paix intérieure de briller de manière inaltérable.

Zakaryae Jilal

"

Tu es une personne forte parce que tu as trouvé la force de continuer, même quand tu pensais ne pas en avoir

UN INSTANT POUR SOI

"

SAGESSE SOUS-JACENTE

Au cœur de ton être réside une force indomptable, forgée dans les feux de l'adversité. La puissance qui sommeille en toi n'est pas définie par la taille de tes batailles, mais par la persévérance qui te pousse à avancer lorsque les ombres menacent d'engloutir la lumière. Tu es une personne forte non pas parce que la vie t'a épargné les tempêtes, mais parce que tu as appris à danser sous la pluie.

Chaque défi que tu as relevé a été une épreuve de ta résilience. Tu as trouvé la force de continuer, même quand les ténèbres semblaient insurmontables. C'est dans ces moments où tu pensais avoir puisé jusqu'à la dernière goutte d'énergie que tu as découvert des réserves insoupçonnées au plus profond de toi.

Souviens-toi, la force ne réside pas dans l'absence de faiblesse, mais dans la capacité à transcender les faiblesses. Tu es une personne forte parce que tu as appris à transformer les épreuves en occasions de croissance, les chagrins en enseignements, et les obstacles en tremplins vers la victoire. Que cette force continue de guider ton chemin et d'inspirer ceux qui croisent ta route.

Zakaryae Jilal

“

Choisis quelqu'un qui prend fièrement part à ta vie, partage des rires avec toi, t'écoute attentivement, te comprend, te traite avec gentillesse et te considère comme une priorité

UN INSTANT POUR SOI

”

SAGESSE SOUS-JACENTE

Au sein de tes relations, recherche ceux qui se tiennent fièrement à tes côtés, prêts à partager non seulement les moments ensoleillés, mais aussi les jours de pluie. Opte pour ceux qui partagent des éclats de rire sincères, qui écoutent avec une attention profonde et comprennent la musique subtile de ton cœur. Sélectionne ceux qui te traitent avec une gentillesse qui transcende les mots, érigeant une fondation solide où chaque interaction est empreinte de respect mutuel.

Priorise ceux qui te considèrent comme une véritable priorité, non pas par de simples mots, mais par des actions significatives. Dans le tissu complexe des relations humaines, choisis ceux qui participent activement à la trame de ta vie, ajoutant de la couleur et de la richesse à chaque chapitre. Ces liens authentiques sont comme des joyaux précieux, à chérir et à polir ensemble.

Sache que les relations épanouissantes sont des échanges constants, où l'écoute, la compréhension, et la bienveillance sont des éléments essentiels. En choisissant des compagnons de vie qui incarnent ces qualités, tu bâtis une communauté affective qui nourrit et élève chacun de ses membres. Que tes choix soient empreints de discernement, guidés par la véritable valeur d'une connexion sincère.

Zakaryae Jilal

OPPORTUNITÉ

"

Parfois, lorsque quelqu'un quitte ta vie, il te fait une faveur en laissant une place vacante pour quelqu'un qui mérite vraiment de la remplir

UN INSTANT POUR SOI "

SAGESSE SOUS-JACENTE

Au fil des saisons de la vie, il peut arriver que quelqu'un s'éclipse de ton quotidien. Plutôt que de voir cela comme une perte, considère-le comme une opportunité offerte par le destin. Cette personne qui part ouvre un espace dans le théâtre de ta vie, une place qui attend d'être comblée par quelqu'un d'authentique et de significatif.

Chaque départ est une sorte de purification, éliminant ceux qui ne correspondent plus au paysage changeant de ton existence. C'est comme si la nature elle-même opérait une sélection, laissant la place à de nouvelles floraisons qui embelliront le jardin de ton existence. Dans ces moments de transition, accueille la leçon cachée : la valeur de l'ouverture à de nouvelles possibilités.

Ne sois pas accablé par la perte, mais plutôt, garde ton cœur ouvert à l'idée que cet espace vacant peut être occupé par quelqu'un qui apportera un enrichissement véritable à ta vie. Chaque départ crée un espace sacré pour l'arrivée de nouvelles énergies et de nouvelles connexions. Ainsi, laisse les flux naturels de la vie s'écouler, car souvent, ceux qui partent te font le cadeau précieux de préparer le terrain pour ceux qui sont destinés à rester.

Zakaryae Jilal

ACCEPTATION

"N'insiste pas pour tout comprendre. Par moments, certaines choses ne demandent pas à être comprises, mais simplement à être acceptées

UN INSTANT POUR SOI"

SAGESSE SOUS-JACENTE

Il est tout à fait naturel de chercher à comprendre chaque aspect de sa vie, des relations aux circonstances qui nous entourent. Cependant, il est important de reconnaître que certaines choses échappent parfois à une compréhension complète. Il y a des moments où la vie nous offre des énigmes sans réponse immédiate, et c'est dans ces situations que l'acceptation devient une force. Plutôt que de s'acharner à déchiffrer chaque détail, parfois, il est plus sage de simplement accepter ce qui est, de laisser aller le besoin de tout comprendre. L'acceptation ne signifie pas la résignation, mais plutôt le courage de laisser place à l'incertitude et de permettre à la vie de se dérouler selon son propre rythme. En relâchant le besoin de tout saisir, tu ouvres la porte à la paix intérieure et à la sérénité. La vie est pleine de mystères, et parfois, la plus grande sagesse réside dans la capacité à embrasser l'inconnu sans jugement ni résistance. Alors, accueille l'incertitude avec un cœur ouvert, et tu pourrais découvrir que la beauté de la vie réside souvent dans les espaces entre les réponses.

Zakaryae Jilal

> Si les autres te malentendant, ne perds pas ton temps à te justifier. Tourne la page, profite de la vie, car ceux qui te connaissent vraiment ne t'ont jamais mal compris

UN INSTANT POUR SOI

SAGESSE SOUS-JACENTE

Lorsque le brouillard de la mécompréhension se lève autour de toi, n'entre pas dans la danse stérile de la justification. Plutôt que de gaspiller ton énergie à expliquer ton essence, tourne la page de la frustration. Choisis de te consacrer à la danse harmonieuse de la vie, où chaque pas est une célébration de ton authenticité.
Ne te laisse pas captiver par l'opinion des autres, car la véritable lumière de qui tu es ne se perd pas dans les méandres de la malentente. Ceux qui te connaissent réellement, ceux qui ont vu les nuances de ton être, n'ont jamais été aveuglés par les malentendus superficiels. Cultive la confiance en ceux qui voient au-delà des apparences, qui comprennent la musique subtile de ton cœur.
En tournant la page sur les malentendus, tu libères de l'espace pour des chapitres nouveaux, riches en connexions authentiques. La vie est une œuvre en constante évolution, et chaque malentendu est une invitation à grandir et à évoluer. Ainsi, avance avec grâce et conviction, car la véritable compréhension ne vient pas de la justification, mais de la résonance sincère entre les âmes authentiques.

Zakaryae Jilal

ÉVOLUTION

"

La maturité, c'est également la capacité de quitter une relation qui ne nous mène nulle part, pour ouvrir la porte à de nouvelles opportunités et à une vie épanouissante

UN INSTANT POUR SOI "

SAGESSE SOUS-JACENTE

Dans l'œuvre complexe de la vie, la maturité se révèle comme une sagesse subtile, une capacité à reconnaître les contours flous d'une relation qui ne tracera pas un chemin vers l'épanouissement. C'est comme tourner la page d'un chapitre épuisé pour laisser l'encre fraîche d'une nouvelle aventure imprégner les pages de l'existence. La maturité réside dans le courage de libérer le poids des liens qui stagnent, créant ainsi un espace où les ailes de l'épanouissement peuvent se déployer.

Quitter une relation qui n'offre plus de croissance n'est pas un signe de faiblesse, mais plutôt le geste puissant d'un marin qui change de cap pour atteindre des horizons plus prometteurs. C'est reconnaître la valeur de son propre voyage et la nécessité de marcher en harmonie avec la mélodie de son cœur. Dans ce geste mature, une porte se referme, mais une multitude d'autres s'entrouvrent, révélant des opportunités et des rencontres qui enrichiront le paysage de ta vie.

La maturité, tel un alchimiste intérieur, transforme les adieux en une potion magique, mêlant libération et promesses futures. C'est un acte d'amour envers soi-même, un hommage à l'essence dynamique de la vie qui ne cesse jamais de créer, de se renouveler. Ainsi, avec la clairvoyance d'un navigateur expérimenté, prends le gouvernail de ta destinée et dirige-toi vers les horizons où la vie épanouissante t'attend.

Zakaryae Jilal

“

En période de solitude, prends garde à ne pas chercher des liens superficiels pour combler le vide

UN INSTANT POUR SOI ”

SAGESSE SOUS-JACENTE

Au creux de la solitude, accueille la sagesse qui susurre de ne point céder à la tentation des liens éphémères pour étouffer le silence. La profondeur de ton être ne peut être comblée par des connexions superficielles. Dans ces moments d'intimité avec toi-même, résiste à l'attrait fugace des relations qui ne font que masquer, sans guérir, le vide intérieur.

La solitude, loin d'être un fardeau, est une école de connaissance de soi, une occasion de tisser des liens profonds avec la personne que tu découvres au fil des jours solitaires. Plutôt que de fuir ce compagnon silencieux, explore les méandres de ton âme, écoute le murmure de tes pensées et apprivoise le calme qui te permettra d'entendre la véritable symphonie de ton cœur.

Les liens construits dans la hâte ne sont que des échos lointains de ce que la véritable connexion peut offrir. La période de solitude est un terrain fertile où poussent les racines des relations authentiques. Alors, prends garde à ne pas céder à la pression de combler le vide par des attaches fugaces, mais plutôt, laisse la solitude être le creuset où se forment des liens durables, profonds et épanouissants.

Zakaryae Jilal

PATIENCE

“

Il est nécessaire de laisser le temps agir, car c'est souvent lui qui nous permet de voir les choses avec clarté et qui apaise nos souffrances

UN INSTANT POUR SOI ”

SAGESSE SOUS-JACENTE

Permet-moi de te rappeler l'importance de laisser le temps jouer son rôle dans nos vies. Souvent, dans l'urgence du moment, nos émotions peuvent brouiller notre vision et amplifier nos peines. C'est alors que le temps, ce guérisseur silencieux, intervient. Laisse-le être le sculpteur de tes expériences, polissant les bords rugueux et mettant en lumière les contours de la clarté. Le temps n'est pas seulement un remède, mais un maître qui enseigne la patience et la persévérance. Il offre une perspective nouvelle, apaisant les douleurs qui semblent insurmontables dans l'instant présent.

En embrassant la passage du temps, tu te donnes la chance d'apprendre, de grandir, et de guérir. Il t'offre la distance nécessaire pour comprendre les événements de manière plus objective. Alors, dans les moments de tourment, accorde-toi la permission de respirer et de permettre à cette force mystérieuse qu'est le temps de faire son travail. La clarté émerge souvent quand on s'y attend le moins, et les souffrances s'apaisent avec la douceur du temps qui passe. Fais preuve de patience envers toi-même, et sache que même dans l'obscurité apparente, le temps tisse des fils lumineux d'espoir.

Zakaryae Jilal

“

Il n’y a rien de plus beau que d’être avec des gens qui t’aiment simplement parce que tu es toi

UN INSTANT POUR SOI ”

SAGESSE SOUS-JACENTE

Sache que l'un des trésors les plus précieux de la vie réside dans la compagnie de ceux qui t'aiment sans condition, simplement parce que tu es toi. C'est un privilège de partager des moments avec des personnes qui apprécient ton authenticité et qui t'acceptent tel que tu es. Cherche à t'entourer de ceux qui voient la beauté dans ta singularité, qui valorisent tes qualités et qui t'encouragent à être vrai. Ces relations authentiques sont des joyaux rares qui apportent du réconfort, de la compréhension et une connexion profonde. Permets-toi d'investir dans des liens où l'amour est inconditionnel, où tu peux être vulnérable sans crainte de jugement. Cultiver ces relations sincères crée un espace où tu peux t'épanouir, grandir et être pleinement toi-même. Alors, entoure-toi de personnes qui allument une lumière en toi, qui t'inspirent et qui font de chaque instant partagé une célébration de la beauté de ton être. La véritable richesse réside dans la qualité des connexions humaines, où l'amour est le fil conducteur, tissant une toile chaleureuse autour de ton cœur.

Zakaryae Jilal

“

Quand tu réalises ta propre valeur, il devient difficile de rester entouré de ceux qui ne la reconnaissent pas

UN INSTANT POUR SOI

”

SAGESSE SOUS-JACENTE

Savoir reconnaître ta propre valeur est un pouvoir extraordinaire qui transforme ta perspective sur les relations. Lorsque tu comprends pleinement ton importance et le potentiel que tu portes en toi, il devient difficile de rester entouré(e) de ceux qui ne reconnaissent pas cette valeur. Les relations devraient être des échanges équilibrés, où chacun apporte une contribution significative. Ne crains pas de prendre conscience de ta propre valeur, car c'est cette conscience qui te guidera vers des relations enrichissantes. Si tu te retrouves dans un cercle où ton potentiel n'est pas apprécié, n'hésite pas à prendre le recul nécessaire. Libère-toi de l'influence des relations qui ne reconnaissent pas la lumière que tu apportes. Investis ton temps et ton énergie dans des connexions où ta valeur est célébrée et encouragée. Cela ne signifie pas l'arrogance, mais plutôt une affirmation saine de qui tu es et de ce que tu mérites. En entourant toi-même de ceux qui reconnaissent ta valeur, tu construis un environnement propice à ta croissance et à ton épanouissement. Alors, prends conscience de ta propre valeur et choisis des relations qui reflètent cette vérité, car tu mérites d'être entouré(e) d'amour, de respect et de reconnaissance.

Zakaryae Jilal

INDIFFÉRENCE

“ J’ai arrêté de me poser des questions sur certaines personnes, leur attitude est déjà une réponse

UN INSTANT POUR SOI ”

SAGESSE SOUS-JACENTE

Au sein du ballet complexe des relations humaines, je t'invite à embrasser la sagesse de ne plus t'égarer dans les méandres des interrogations sans fin à propos de certaines personnes. Souvent, leur attitude, telle une langue muette, narre une histoire plus éloquente que les mots. Plutôt que de t'immerger dans un océan d'interrogations, prends conscience que le comportement des autres peut être un miroir reflétant leurs propres vérités intérieures.

Chaque personne est un chapitre unique dans le roman de la vie, et parfois, il est judicieux de laisser les points de suspension flotter, de ne pas forcer la ponctuation. L'acceptation de leur attitude comme une réponse en soi est un acte d'autonomie, une déclaration de ta propre valeur. Parfois, le silence des réponses non données est une clarté en soi, une invitation à tourner la page et à continuer ton propre récit.

Nourris-toi de la certitude que, même si les interrogations restent suspendues dans l'air, l'essence de qui tu es reste inaltérée. Écoute le langage du silence, il t'apprendra souvent plus que des paroles bruyantes. Ainsi, détourne ton regard des questions sans réponses et dirige-le vers les horizons qui attendent d'être explorés, car ta propre histoire mérite d'être écrite avec des chapitres qui résonnent de clarté et d'authenticité.

Zakaryae Jilal

ÉQUILIBRE

“ Ne donne jamais à quelqu’un plus que sa valeur, sinon, tu perdras la tienne

UN INSTANT POUR SOI ”

SAGESSE SOUS-JACENTE

En naviguant à travers les méandres complexes des relations, je t'invite à réfléchir profondément à la prudence de ne jamais accorder à quelqu'un une importance démesurée, dépassant ainsi sa véritable valeur. Car dans l'acte de donner excessivement, réside un risque latent : celui de diluer la substance de ta propre valeur au profit d'autrui. Chacun mérite incontestablement respect et considération, mais il est crucial de maintenir une balance afin de préserver l'intégrité de ton propre être.

Comme un équilibriste sur le fil de la vie, mesure attentivement l'ampleur de tes contributions. Assure-toi que ton altruisme ne soit pas une corde tendue trop serrée, menaçant de fragiliser les piliers de ton estime personnelle. Ton énergie, ton temps et tes ressources sont des joyaux précieux, et les distribuer avec discernement préserve la richesse de ton existence. Le respect envers toi-même est la clé d'une vie épanouissante, et c'est en reconnaissant la justesse de la mesure que tu construiras un édifice solide pour ton bien-être intérieur.

Souviens-toi, donner avec générosité est noble, mais cela doit être harmonisé avec la préservation de ta propre valeur. Chacun est le gardien de son trésor intérieur, et dans l'équilibre subtil entre donner et préserver, tu traces le chemin vers une vie qui reflète la splendeur authentique de qui tu es.

Zakaryae Jilal

SIMPLICITÉ

“

C’est le fait de rester simple qui te rendra exceptionnel

UN INSTANT POUR SOI ”

SAGESSE SOUS-JACENTE

Au cœur de ton chemin, médite sur la puissance contenue dans la simplicité, car c'est dans cette sobriété que réside la clé de ton exceptionnalité. Dans un monde tumultueux, où l'éclat artificiel souvent confond avec la grandeur, rappelle-toi que la vraie grandeur émerge de la simplicité. Là où la modestie fleurit, l'exceptionnalité trouve ses racines profondes.

La simplicité n'est pas une réduction, mais une élévation. C'est le discernement de ce qui est essentiel, un choix conscient de focaliser sur l'authenticité plutôt que sur l'artifice. Les véritables joyaux sont rarement encombrés de fioritures, ils brillent dans leur pureté, dénués de l'excès superflu.

Dans ta quête d'exceptionnalité, n'oublie pas que la grandeur réside dans les gestes modestes, dans la sincérité des paroles, dans la profondeur des pensées. La simplicité est une force qui transcende les artifices éphémères et trouve son chemin jusqu'aux cœurs des autres. Alors, cultive la simplicité, car c'est dans cette simplicité que tu trouveras la véritable splendeur de ton être, faisant de toi une lumière rare et exceptionnelle dans le monde qui t'entoure.

Zakaryae Jilal

“

On peut penser être irremplaçable, mais en réalité, on peut être rapidement remplacé

UN INSTANT POUR SOI

”

SAGESSE SOUS-JACENTE

La vie nous rappelle souvent que personne n'est irremplaçable. Cela peut sembler dur, mais c'est une réalité qu'il est important d'accepter pour notre propre bien-être. Reconnaître que nous sommes tous susceptibles d'être remplacés dans certains aspects de la vie nous permet de cultiver l'humilité et d'éviter un attachement excessif à notre propre importance. Cela ne signifie pas que nous ne sommes pas précieux ou uniques, mais plutôt que le monde est vaste et changeant, et que les circonstances peuvent conduire à des ajustements. En comprenant cette réalité, concentre-toi sur la valeur que tu apportes à ceux qui t'entourent, mais sans te perdre dans l'idée d'être indispensable. Investis dans des relations authentiques, construis des moments significatifs et sois une personne positive dans la vie des autres. En embrassant l'éphémère, tu te libères des attentes démesurées et te permets d'apprécier pleinement chaque instant sans craindre le changement. Ta valeur réside non seulement dans ton rôle, mais dans la façon dont tu touches les cœurs et influences positivement le monde qui t'entoure.

Zakaryae Jilal

“

Se tromper de chemin n'est pas une faute, mais persister dans la mauvaise direction en toute connaissance de cause est une erreur bien plus grave

UN INSTANT POUR SOI

”

SAGESSE SOUS-JACENTE

Embrasser une trajectoire erronée n'est pas une faute, car nous sommes tous sujets à des choix qui peuvent dévier de la voie souhaitée. Les erreurs font partie intégrante de l'apprentissage et de la croissance. Cependant, la véritable erreur réside dans le fait de persister dans une direction nuisible en toute conscience. Ignorer délibérément les signaux d'alarme internes et choisir de rester sur un chemin inapproprié est une erreur bien plus grave. La sagesse réside dans la capacité à reconnaître quand un ajustement de cap est nécessaire, à accepter que l'erreur soit une étape transitoire vers la découverte de la bonne voie. N'aie pas peur de reconsidérer tes choix et de corriger le tir si besoin. C'est une démonstration de force intérieure et de sagesse. La vie est une série d'ajustements et de redirections, et c'est à travers ces itinéraires imprévus que nous façonnons notre parcours. Alors, sois attentif(ve) aux signes qui te guident vers la bonne direction et accepte que se tromper de chemin soit simplement une invitation à trouver le bon. La véritable erreur réside dans la persistance volontaire dans l'erreur, car le pouvoir de changer de cap est toujours entre tes mains.

Zakaryae Jilal

ÉTERNITÉ

“

Il y a des rencontres qui épanouiront ton cœur pour toujours

UN INSTANT POUR SOI

”

SAGESSE SOUS-JACENTE

Certaines rencontres sont des trésors inattendus qui laissent une empreinte indélébile sur ton cœur. Plutôt que de chercher à comprendre pleinement le pourquoi et le comment, accueille ces rencontres avec gratitude et ouverture. Permets-toi d'apprécier l'instant présent et la magie de ces connexions. Parfois, il n'est pas nécessaire de comprendre pleinement le rôle de chaque personne dans ta vie. Concentre-toi plutôt sur la beauté de l'échange, sur les leçons que ces rencontres peuvent apporter et sur la croissance personnelle qu'elles peuvent inspirer. Sois attentif aux émotions positives et aux énergies épanouissantes qui accompagnent ces moments. En reconnaissant la valeur de ces rencontres, tu apprends à apprécier la richesse des relations humaines, même si elles sont éphémères. Cultive l'art d'accepter les cadeaux du destin sans trop questionner, et laisse ces rencontres spéciales embellir le tableau de ta vie. Dans chaque rencontre significative, il y a une leçon ou une bénédiction qui contribue à la trame unique de ton parcours.

Zakaryae Jilal

“

Les épreuves d'hier, source de douleur, se transforment en la force qui guide chacun de tes pas aujourd'hui.

UN INSTANT POUR SOI

”

SAGESSE SOUS-JACENTE

Je veux que tu te rappelles que les épreuves d'hier, même si elles ont pu être une source de douleur, ont le pouvoir extraordinaire de se transformer en une force qui guide chacun de tes pas aujourd'hui. Ces moments difficiles ne sont pas des signes de faiblesse, mais plutôt des chapitres de ta vie qui ont contribué à forger la personne forte et résiliente que tu es devenue. Chacune de ces épreuves a servi de terreau fertile à ta croissance personnelle, enseignant des leçons profondes sur la vie, la résilience et la compassion envers toi-même et les autres.

Quand tu fais face à des défis actuels, rappelle-toi que tu es plus fort(e) que tu ne le penses, grâce à la force que tu as tirée des difficultés passées. Chaque cicatrice porte en elle une histoire de courage et de survie. Ces expériences t'ont doté(e) d'une sagesse intérieure et d'une capacité à surmonter les obstacles avec une grâce inébranlable. Alors, avance avec confiance, sachant que tu portes en toi la force forgée dans les feux des épreuves d'hier, et que cela éclairera le chemin devant toi. La douleur d'hier devient la source d'une résilience inépuisable, une force intérieure qui te guidera vers la lumière, même dans les moments les plus sombres.

Zakaryae Jilal

CLASSIQUE

"

J'apprécie ce qui a un côté rétro, comme la loyauté, la fidélité et le respect, des valeurs intemporelles qui ne se démodent jamais.

UN INSTANT POUR SOI

"

SAGESSE SOUS-JACENTE

En explorant le labyrinthe des préférences qui constituent ton être, je te convie à méditer sur la beauté des choix rétro, tels que la loyauté, la fidélité, et le respect. Ces valeurs intemporelles évoquent une sagesse ancienne qui ne flétrit pas avec les caprices du temps. En embrassant ces piliers, tu t'inscris dans une continuité qui transcende les époques, une continuité forgée dans la substance même de l'humanité.

La loyauté, comme une vieille carte déployée, guide tes pas avec une clarté immuable. La fidélité, semblable à une vieille chanson, compose une mélodie inoubliable dans le tissu de tes relations. Et le respect, pareil à un antique pilier, érige des fondations solides pour une compréhension mutuelle. En faisant de ces valeurs tes compagnons de route, tu construis une existence résistante à l'épreuve du temps, échappant aux mirages volatils de l'évolution.

Dans un monde qui évolue constamment, ton attachement à ces valeurs d'antan se profile comme une boussole fiable. Elle te guide vers une authenticité qui transcende les modes éphémères. Ainsi, persiste à chérir ces joyaux du passé, car en eux, tu dénicheras des clés pour bâtir un présent riche en profondeur et un futur ancré dans la grandeur intemporelle.

Zakaryae Jilal

PERSÉVÉRANCE

“

La vie réserve parfois des surprises inattendues et nous confronte à des défis imprévus. Cependant, il est crucial de se rappeler que chaque épreuve offre une opportunité de croissance, incitant à puiser une force et un courage insoupçonnés de l'intérieur de soi

UN INSTANT POUR SOI ”

SAGESSE SOUS-JACENTE

Face aux caprices de la vie, rappelle-toi que chaque imprévu, chaque défi, est une chance déguisée. Dans les moments difficiles, puiser au plus profond de soi permet de découvrir une force et un courage insoupçonnés. Les épreuves ne sont pas des obstacles insurmontables, mais plutôt des occasions de croissance personnelle. Accepter ces défis comme des alliés plutôt que des adversaires te permettra de les traverser avec résilience. Comme un jardin qui prospère après une pluie inattendue, tu as le pouvoir de transformer les difficultés en opportunités florissantes. Ces moments d'adversité sont des enseignements précieux, sculptant la personne exceptionnelle que tu es destiné(e) à devenir. Alors, accueille chaque surprise avec un cœur ouvert, car au-delà de l'inattendu, réside le potentiel de devenir la meilleure version de toi-même.

Zakaryae Jilal

“

les vrais amis ne se parlent pas forcement tous les jours mais ils ne s’oublient pas

UN INSTANT POUR SOI ”

SAGESSE SOUS-JACENTE

Il est essentiel de comprendre que l'amitié authentique ne se mesure pas à la fréquence des conversations quotidiennes, mais à la solidité des liens qui persistent malgré le silence. Les vrais amis sont ces êtres rares avec lesquels tu peux reprendre la conversation comme si le temps n'avait jamais passé, même après des périodes de silence. La beauté de ces relations réside dans leur capacité à transcender le besoin constant de communication, car la connexion réelle ne s'efface pas avec l'absence de mots. Parfois, la vie nous éloigne physiquement, mais cela ne diminue en rien l'importance de ces liens authentiques. Cultiver ces amitiés signifie comprendre que la qualité dépasse la quantité, et que le soutien inébranlable se mesure à la résilience des liens. Alors, ne te préoccupe pas du nombre de messages échangés, mais plutôt de la profondeur des liens qui persistent même lorsque les mots se font rares. Les vrais amis demeurent dans le cœur, prêts à réapparaître lorsque le besoin se fait sentir, démontrant que l'amitié véritable va au-delà des échanges quotidiens.

Zakaryae Jilal

TÉNACITÉ

“

N’abandonne jamais quelque chose que tu voulais vraiment, c’est difficile d’attendre mais encore plus de regretter

UN INSTANT POUR SOI

”

SAGESSE SOUS-JACENTE

Au cœur de tes aspirations, je te partage une sagesse forgée dans l'enclume du temps : ne renonce jamais à ce que tu désirais ardemment. Le chemin de l'attente peut sembler escarpé, mais le poids du regret, bien plus lourd. Chaque rêve que tu poursuis avec ferveur est une graine plantée dans le jardin de ton destin. Laisse-la croître, même dans l'ombre de l'incertitude, car l'abandon n'est qu'une éclipse temporaire qui obscurcit la lumière de tes aspirations.

La patience, telle une fleur qui s'épanouit à son rythme, récompensera ton engagement. Les attentes peuvent paraître interminables, mais le fruit de la persévérance est doux et durable. Chaque défi, chaque obstacle, est un sculpteur qui façonne ta détermination. Regarde au-delà des nuages de l'incertitude, car le ciel clair de la réalisation brille toujours au-dessus de toi.

Dans le tissu complexe du temps, les regrets sont des échos discordants. Garde la foi dans tes rêves, car chaque pas vers eux est une danse avec le destin. Que l'attente ne soit pas une charge, mais un maître qui t'apprend la patience, la résilience et la gratitude pour le triomphe à venir. Ainsi, continue à nourrir tes rêves, même dans l'obscurité, car c'est là que la lumière de ta réussite attend d'illuminer ton chemin.

Zakaryae Jilal

RENOUVEAU INTÉRIEUR

"

Il est essentiel, tu sais, de laisser certaines choses partir, de t'en défaire, de te libérer. Fais le ménage, ferme la porte. Cesse d'être ce que tu étais et deviens ce que tu es vraiment.

UN INSTANT POUR SOI

"

SAGESSE SOUS-JACENTE

En effet, il est essentiel de reconnaître le pouvoir de libérer certaines choses de ta vie. Imagine que tu fais le ménage intérieur, en laissant derrière toi ce qui ne sert plus ton bien-être. Ferme la porte sur les chapitres qui sont achevés, sur les poids qui alourdissent ton cœur. Comme changer de disque, choisis de remplacer les pensées obsolètes par une mélodie plus harmonieuse. C'est une invitation à la transformation, à cesser d'être encombré(e) par ce que tu étais pour embrasser pleinement ce que tu es réellement. La vie est une danse constante de croissance et d'évolution, et cela implique parfois de se défaire du passé. Ouvre-toi à la possibilité d'un renouveau, car en laissant certaines choses partir, tu fais de la place pour de nouvelles opportunités et expériences. Tu es en constante évolution, et chaque étape de ce voyage te conduit vers une version plus authentique de toi-même. Alors, avec courage et confiance, permets-toi de te libérer du superflu, de fermer la porte sur le passé, et de devenir la personne que tu es destiné(e) à être.

Zakaryae Jilal

AUTHENTICITÉ PARTAGÉE

“

j’adore quand je ne suis pas obligé de faire attention à ce que je dis … c’est là qu’on se rend compte qu’on est avec les bonnes personnes

UN INSTANT POUR SOI ”

SAGESSE SOUS-JACENTE

Au sein des conversations où chaque mot résonne en harmonie avec ton authenticité, trouve la plénitude dans le fait que tes paroles s'écoulent naturellement, sans les entraves de la prudence. Ces instants insouciants dévoilent la magie des liens véritables, là où chaque expression devient une danse sincère de l'âme. C'est dans cette spontanéité que tu discernes la présence des véritables compagnons de vie, ceux qui accueillent chaque facette de toi avec bienveillance.

La liberté de t'exprimer sans contraintes révèle une connexion profonde, un échange sincère qui transcende les apparences. Partager un langage qui va au-delà des mots est un privilège rare, tissant une compréhension mutuelle au fil des échanges sincères.

Dans ces moments authentiques, découvre un sanctuaire où tes pensées peuvent fleurir sans craindre le jugement. Ici, au cœur de ces dialogues fluides, apprécie la valeur des âmes qui t'entourent, celles qui contribuent à créer un espace où la véritable expression de soi trouve son écho. Opte pour des compagnons de route qui t'invitent à participer à cette danse délicate de la parole partagée, où chaque mot devient une note harmonieuse dans la mélodie de la véritable connexion humaine.

Zakaryae Jilal

CONFRONTATION ÉVITÉE

“

Éloigne-toi de ceux qui refusent d'admettre leurs torts, car ils tenteront toujours de te faire croire que le problème est de ton côté

UN INSTANT POUR SOI ”

SAGESSE SOUS-JACENTE

Il est important de distancer de ta vie ceux qui persistent à éviter de reconnaître leurs erreurs, car ils ont tendance à projeter la responsabilité sur toi. Les personnes qui refusent de reconnaître leurs torts peuvent créer un environnement toxique où la communication saine et la croissance personnelle deviennent difficiles. En t'éloignant de ces individus, tu te préserves des manipulations émotionnelles et des jeux de culpabilité. Choisis plutôt de t'entourer de ceux qui sont capables d'accepter leurs erreurs, car ils favoriseront un climat d'honnêteté et de compréhension mutuelle. La vie est trop courte pour être entravée par des relations où la responsabilité est systématiquement détournée. Cultive des liens avec des personnes qui valorisent la croissance personnelle et qui sont prêtes à s'engager dans des conversations honnêtes et constructives. En établissant des frontières saines, tu crées un espace où tu peux évoluer positivement sans être entravé par la négativité des autres. Fais preuve de discernement dans tes relations, car entourer de personnes responsables et bienveillantes est une étape essentielle vers une vie épanouissante.

Zakaryae Jilal

RENOUVEAU POSSIBLE

❝

Il est toujours possible de commencer un nouveau projet, d'écrire une nouvelle histoire et de construire un nouveau rêve, peu importe le moment de la vie

UN INSTANT POUR SOI ❞

SAGESSE SOUS-JACENTE

Tu te tiens à un carrefour, prêt(e) à entamer un nouveau chapitre de ta vie. Souviens-toi que chaque moment présent offre une opportunité inestimable de recommencer, de réinventer et de redéfinir tes aspirations. Les débuts ne sont pas réservés à une période précise ; ils sont le fruit de la décision et de la volonté personnelle. Si tu ressens le désir de changer de cap, d'explorer de nouveaux horizons ou de poursuivre un rêve longtemps mis de côté, c'est le signe que tu es prêt(e) à embrasser le potentiel infini de ta vie. N'aie pas peur de commencer quelque chose de nouveau, même si cela semble petit au départ. Chaque action, même la plus modeste, peut être le catalyseur de changements significatifs. Accepte le présent comme une page blanche prête à accueillir les traces de ton parcours futur. L'excitation et la possibilité de créativité sont à leur apogée lorsque tu te lances dans l'inconnu avec une confiance audacieuse. Sois l'auteur de ta vie, et que chaque moment soit une nouvelle opportunité de révéler la meilleure version de toi-même.

Zakaryae Jilal

“

Par moments, croiser des personnes qui nous ressemblent apporte une agréable sensation de connexion.

UN INSTANT POUR SOI ”

SAGESSE SOUS-JACENTE

Au fil de ton voyage, tu découvriras des âmes qui résonnent en harmonie avec la tienne, tissant des liens profonds sans nécessité de mots. Ces rencontres évoquent une mélodie familière, une douce symphonie de compréhension mutuelle. Lorsque des esprits se croisent, des rivières invisibles se forment, créant des courants de connexion sincère.

La magie de rencontrer des personnes qui reflètent tes valeurs et aspirations réside dans la sensation d'appartenance, comme si tu étais sur la même longueur d'onde cosmique. Ces compagnons de route partagent les mêmes étoiles intérieures, illuminant le chemin de l'existence d'une lueur partagée. C'est un rappel que, même dans l'immensité de l'univers, des constellations d'âmes peuvent se synchroniser, créant des moments d'éternité dans le présent.

Alors, reste ouvert(e) aux échanges authentiques, car ces rencontres ne sont pas simplement des coïncidences, mais des échos des univers intérieurs qui se reconnaissent. Dans ces instants précieux, célèbre la richesse des connexions véritables, car elles sont les joyaux qui embellissent le tissu de ton existence.

Zakaryae Jilal

“

Les femmes se mettent en valeur pour elles-mêmes, pas toujours pour quelqu'un d'autre. C'est un acte de confiance en soi, pas une recherche d'approbation

UN INSTANT POUR SOI

”

SAGESSE SOUS-JACENTE

Se mettre en valeur, que ce soit à travers l'apparence ou les accomplissements, est un acte puissant de confiance en soi. Les femmes cultivent cette estime d'elles-mêmes non pas pour plaire à autrui, mais avant tout pour leur propre bien-être et épanouissement. C'est une célébration de leur identité et une manifestation tangible de la confiance qu'elles ont en leurs propres capacités. Loin d'être une quête d'approbation extérieure, c'est un moyen de s'affirmer dans le monde avec fierté. En se mettant en valeur, les femmes revendiquent leur espace et créent un environnement où leur propre estime et respect sont prioritaires. Cette démarche reflète une compréhension profonde de leur valeur intrinsèque, indépendamment des normes sociales ou des attentes externes. Alors, continue à te mettre en valeur avec cette confiance inébranlable, car cela nourrit ton esprit et ton âme. N'oublie jamais que le pouvoir de rayonner de l'intérieur vers l'extérieur réside en toi, et il est un témoignage de la confiance authentique que tu portes en toi-même. En te valorisant pour toi-même, tu inspires également les autres à faire de même, créant ainsi un cercle vertueux d'acceptation et de célébration de soi.

LIBERTÉ INTÉRIEURE

“

Ne te laisse jamais contrôler par trois choses : les gens, l’argent et le passé

UN INSTANT POUR SOI ”

SAGESSE SOUS-JACENTE

Il est essentiel de comprendre que ta vie est un récit en constante évolution, et c'est toi qui en es l'auteur. Ne permets à personne, qu'il s'agisse d'opinions extérieures, de l'influence de l'argent ou du poids du passé, de dicter ta trajectoire. Les gens auront toujours des opinions, mais c'est toi qui détient le pouvoir de décider quelles voix écouter et quelles influences accepter. L'argent, bien qu'important, ne devrait jamais diriger tes choix de vie. Recherche plutôt des valeurs plus profondes, des passions sincères et des objectifs qui transcendent la simple quête financière. Enfin, le passé ne définit pas nécessairement l'avenir. Apprends des expériences antérieures, mais ne les laisse pas te retenir. Sois le capitaine de ton propre navire, naviguant vers un avenir que tu choisis, affranchi des entraves de l'influence extérieure. En te libérant de ces trois maîtres potentiels, tu découvriras une nouvelle force intérieure et une liberté qui t'appartiennent pleinement.

Zakaryae Jilal

“

Il arrive un moment où tu dois cesser de faire des efforts extraordinaires pour ceux qui ne feraient même pas l'effort de traverser une simple flaque d'eau pour toi

UN INSTANT POUR SOI ”

SAGESSE SOUS-JACENTE

Choisis avec précaution où tu investis ton énergie et ton temps. À un certain point, il devient impératif de mettre fin aux efforts exceptionnels pour ceux qui ne seraient même pas disposés à traverser une simple flaque d'eau pour toi. Les relations devraient être un échange équilibré, où l'investissement émotionnel et l'attention sont réciproques. Si tu te trouves constamment dans une position où tu es le seul à faire des efforts considérables, il est temps de reconsidérer la dynamique de ces relations. N'oublie pas que tu mérites des liens où l'engagement est mutuel, où chacun apporte sa part à la croissance et au bien-être de l'autre. En détournant ton attention des relations déséquilibrées, tu libères de l'espace pour des connexions authentiques et enrichissantes. Apprends à reconnaître la valeur de ton investissement émotionnel et à l'allouer à ceux qui le méritent vraiment. La qualité des relations que tu entretiens est souvent plus significative que la quantité, et choisir celles qui te nourrissent positivement contribue à ton épanouissement personnel.

Zakaryae Jilal

“

Plus ton chemin est difficile, plus ton destin est grand

UN INSTANT POUR SOI ”

SAGESSE SOUS-JACENTE

Lorsque tu te trouves face à un chemin difficile, souviens-toi que c'est souvent là que les destinées les plus grandioses prennent racine. Les défis et les obstacles ne sont pas des signes d'échec, mais plutôt des opportunités de croissance et de transformation. C'est dans les moments où la route semble escarpée que tu découvres la force intérieure dont tu disposes. Les succès faciles peuvent apporter une satisfaction momentanée, mais ce sont les défis qui forgent ton caractère et façonnent ta trajectoire. Ne crains pas les difficultés, car elles sont les pierres précieuses qui embellissent le chemin vers ton destin. Chaque effort que tu déploies pour surmonter les obstacles te rapproche un peu plus de la personne que tu es destiné(e) à devenir. Embrasse les difficultés avec courage, car c'est dans la persévérance que se trouve la clé de ton avenir grandiose. Garde en tête que chaque pas sur ce chemin ardu te rapproche non seulement de tes objectifs, mais aussi de la personne exceptionnelle que tu es destiné(e) à devenir. La grandeur de ton destin réside dans ta capacité à traverser les moments difficiles avec détermination et à émerger de l'autre côté, prêt(e) à accueillir les récompenses qui t'attendent.

Zakaryae Jilal

AFFECTION SINCÈRE

“

On n’aime pas celui qu’on trouve beau, on trouve beau celui qu’on aime

UN INSTANT POUR SOI ”

SAGESSE SOUS-JACENTE

La beauté prend une nouvelle dimension quand elle est filtrée à travers le prisme de l'amour. On ne tombe pas amoureux simplement de l'apparence physique, mais plutôt de l'essence de la personne, de ce qu'elle est au-delà des traits extérieurs. Lorsque tu aimes profondément quelqu'un, sa beauté devient une radiance intérieure qui transcende les normes conventionnelles. Prends le temps de découvrir la beauté cachée derrière les apparences, car c'est souvent là que réside la véritable magie des relations. Cultiver l'amour élargit la perception de la beauté, transformant les détails ordinaires en quelque chose d'extraordinaire. Cherche à voir au-delà des premières impressions, car la véritable beauté se déploie avec le temps et la compréhension. En embrassant cette perspective, tu ouvres la porte à des connexions plus profondes et plus significatives. Alors, laisse l'amour être ton guide dans la découverte et l'appréciation de la beauté, et tu verras que chaque personne devient une œuvre d'art à part entière dans le tableau riche et complexe de la vie.

Zakaryae Jilal

TRANSFORMATION PERSONNELLE

"

Les femmes évoluent pour deux raisons simples : elles ouvrent leurs yeux ou ferment leur cœur.

UN INSTANT POUR SOI "

SAGESSE SOUS-JACENTE

L'évolution des femmes se trace sur un chemin marqué par deux choix fondamentaux : ouvrir les yeux sur les opportunités qui se présentent, ou fermer le cœur face aux obstacles. Ouvrir les yeux, c'est embrasser la croissance, la découverte et la volonté de se réinventer constamment. C'est reconnaître que chaque défi est une chance de grandir, d'apprendre et de devenir une version plus forte de soi-même. D'un autre côté, fermer le cœur peut signifier choisir la sécurité d'une routine familière, mais au prix de l'expansion personnelle. C'est un choix qui peut apporter du réconfort immédiat, mais qui limite le potentiel de transformation. En comprenant ces deux voies, il devient crucial de prendre conscience de l'impact de chaque choix sur le parcours personnel. Choisir d'ouvrir les yeux peut être intimidant, mais c'est là que réside la clé de l'épanouissement. C'est un appel à embrasser le changement, à accepter l'inconnu et à tirer le meilleur de chaque expérience. Alors, que ton évolution soit guidée par l'ouverture, car c'est là que se trouvent les horizons infinis de possibilités et de croissance personnelle.

Zakaryae Jilal

SOLITUDE LIBÉRATRICE

“

Rentrer chez soi, se préparer un café, s'effondrer dans un fauteuil sans personne autour... C'est à chacun de décider s'il s'agit de solitude ou de liberté

UN INSTANT POUR SOI ”

SAGESSE SOUS-JACENTE

En rentrant chez toi, préparant ce café qui réconforte, et t'effondrant dans le fauteuil, l'essence de l'instant réside dans la manière dont tu interprètes cette solitude. C'est une pause bien méritée, un moment de calme où tu retrouves ton propre espace, loin des regards et des exigences extérieures. À chacun de définir s'il s'agit d'un sentiment de solitude, marqué par la solitude de l'absence d'autrui, ou plutôt d'une liberté bienvenue. C'est une opportunité de te reconnecter avec toi-même, de trouver la paix dans le silence, de laisser tes pensées danser sans contraintes. La solitude peut être le terrain fertile de la créativité et de l'introspection, un espace où tu apprends à apprécier ta propre compagnie. Décider entre solitude et liberté réside dans la perspective que tu choisis d'adopter. C'est une chance de savourer l'indépendance, de te perdre dans les méandres de tes pensées ou de simplement te laisser bercer par la quiétude du moment. Que ce soit un temps de solitude ou une parenthèse de liberté, cela dépend entièrement de la manière dont tu choisis de l'appréhender. L'important est de reconnaître la beauté intrinsèque de cet instant, où tu es le maître de ton propre royaume, libre de tisser la toile de ta propre réalité.

Zakaryae Jilal

TRANSITION POSITIVE

“

Accepter la fin d'une étape permet de construire le commencement d'une nouvelle, souvent encore plus belle

UN INSTANT POUR SOI ”

SAGESSE SOUS-JACENTE

Accepter la fin d'une étape dans ta vie est une étape en soi, une clé qui ouvre la porte à de nouvelles possibilités et à des commencements prometteurs. C'est un acte de courage et de sagesse, reconnaissant que la croissance personnelle émerge souvent des changements et des transitions. En laissant derrière toi ce qui n'est plus aligné avec ton chemin, tu fais place à un nouveau chapitre qui peut être encore plus beau et enrichissant. Les fins ne sont pas des ruptures, mais des transitions vers de nouvelles opportunités. C'est l'occasion de te libérer du poids du passé et de marcher légèrement vers l'avenir. La vie est une série de cycles, et chaque fin marque le début d'une nouvelle aventure. Alors, ne crains pas les adieux, car ils sont les prémices de salutations à venir. Permets à chaque point final de devenir le point de départ d'une histoire plus lumineuse. L'énergie que tu investis dans l'acceptation de la fin d'une étape est l'énergie qui te propulsera vers des horizons encore inexplorés. N'aie pas peur de fermer un chapitre, car c'est souvent le prélude à une histoire encore plus belle qui attend d'être écrite.

Zakaryae Jilal

“

Un jour, une personne rallumera les lumières que d'autres ont éteintes dans ta vie.

UN INSTANT POUR SOI ”

SAGESSE SOUS-JACENTE

Il y aura un jour où une personne exceptionnelle viendra rallumer les lumières que d'autres ont éteintes dans ta vie. Souvent, lorsque des chapitres sombres semblent se prolonger, une nouvelle connexion peut apporter la clarté tant attendue. Sois ouvert(e) à cette possibilité, car chaque rencontre peut être une chance de réveiller des étincelles qui sommeillent en toi. N'oublie pas que les épreuves passées ne dictent pas nécessairement l'avenir, et une présence réconfortante peut transformer les ombres en une symphonie de lumière. Cultive une attitude d'espoir et de réceptivité envers de nouvelles personnes, car elles pourraient être les architectes de la renaissance que tu mérites. Ne te laisse pas décourager(e) par les obscurités du passé, car l'avenir réserve souvent des éclats inattendus. Accorde-toi la permission d'ouvrir ton cœur aux nouvelles possibilités, et tu pourrais être agréablement surpris(e) par la façon dont quelqu'un rallumera les lumières de ta vie, éclairant un chemin jusque-là obscur. La vie est une succession de rencontres, et chaque nouvelle personne peut être une lumière bienvenue dans ton parcours.

Zakaryae Jilal

LIBÉRATION MENTALE

“

Penser trop peut parfois nous faire plus de mal qu'on ne l'imagine. La sur réflexion peut être notre pire ennemie

UN INSTANT POUR SOI ”

SAGESSE SOUS-JACENTE

À trop penser, on peut parfois créer des tourbillons mentaux qui nous font plus de mal qu'on ne l'imagine. La sur réflexion devient alors notre pire ennemie, générant des inquiétudes inutiles et des scénarios catastrophes qui n'existent que dans notre esprit. Il est important de reconnaître quand nos pensées prennent le contrôle de notre bien-être et de les apaiser. La vie est souvent plus simple quand on la prend jour après jour, sans se perdre dans les méandres de conjectures anxiogènes. Apprends à faire confiance à ton intuition et à la sagesse de l'instant présent. Parfois, la clarté et la paix d'esprit émergent lorsque l'on cesse de suranalyser chaque détail. Permets-toi des moments de calme mental, où tu libères les pensées superflues et où tu te concentres sur l'essentiel. La tranquillité d'esprit réside dans la capacité à maîtriser nos pensées, à les guider vers des eaux plus paisibles, et à embrasser le moment présent avec sérénité. En évitant la sur réflexion, tu libères de l'énergie pour des pensées positives et constructives, contribuant ainsi à un bien-être mental durable.

Zakaryae Jilal

“

La vie ne t'offre pas toujours les personnes que tu veux, mais celles dont tu as besoin pour t'aimer, t'aider, te quitter, te blesser, et te façonner en la personne que tu es

UN INSTANT POUR SOI ”

SAGESSE SOUS-JACENTE

La vie est une mosaïque complexe de rencontres et d'adieux, où les personnes qui entrent dans ta vie ne sont pas toujours celles que tu avais espérées. Cependant, chacune d'entre elles apporte une contribution unique à ton parcours. Certaines sont des compagnons de joie, t'aidant à t'aimer davantage et à célébrer les moments lumineux. D'autres sont des guides éphémères, te montrant la voie avant de poursuivre leur propre chemin. Il y a ceux qui, malgré leurs intentions, peuvent te quitter, laissant derrière eux un vide qui, éventuellement, se remplira avec de nouvelles expériences et de nouvelles personnes. Parfois, la vie te blesse à travers les relations, mais de ces blessures naît une résilience qui sculpte la personne que tu es destiné(e) à devenir. Chaque personne croisée a un rôle à jouer dans ton récit, contribuant à la trame complexe de ton existence. Alors, accueille chaque rencontre avec une ouverture d'esprit, car même celles qui semblent éphémères laissent une empreinte indélébile sur ton cheminement. La vie ne te donne peut-être pas toujours ce que tu désires, mais elle t'offre assurément ce dont tu as besoin pour évoluer, grandir et devenir la meilleure version de toi-même.

Zakaryae Jilal

CONSIDÈRE

“

Ne néglige jamais une personne qui te respecte et qui te donne toute l’attention et l’amour que tu mérites...
car de nos jours ces personnes ne sont pas nombreux

UN INSTANT POUR SOI ”

SAGESSE SOUS-JACENTE

Dans ce monde dynamique, accorde une attention particulière à ceux qui te montrent un respect authentique et t'offrent l'amour que tu mérites. Ces individus attentionnés et compatissants sont une rareté de nos jours. Prends conscience de la valeur de leur présence dans ta vie, car ils sont comme des étoiles scintillantes dans l'obscurité du quotidien.

Le temps et l'affection délibérément investis par ces personnes ne devraient jamais être sous-estimés. En effet, de nos jours, il est rare de rencontrer des âmes généreuses prêtes à partager leurs moments avec une sincérité désintéressée. Sois reconnaissant envers ceux qui t'offrent leur écoute, leur compréhension et leur amour inconditionnel.

Les liens formés avec ceux qui te respectent sont des trésors à préserver. N'hésite pas à exprimer ta gratitude et à cultiver ces relations exceptionnelles. Lorsque tu entoures ta vie de personnes qui te valorisent réellement, tu t'offres un refuge de bienveillance au milieu de l'agitation du monde. En bref, choisis la qualité sur la quantité dans tes relations, car les connexions profondes sont les véritables joyaux de la vie.

Zakaryae Jilal

SACHE SIMPLEMENT

“

Connais ta valeur, n'aie pas besoin de supplier l'amour des autres. Sois confiante en toi, tout le monde ne peut pas avoir le luxe de t'avoir dans leur vie

UN INSTANT POUR SOI

”

SAGESSE SOUS-JACENTE

Prends conscience de ta propre valeur et n'abaisse jamais ton estime à supplier l'amour des autres. La confiance en soi émane de la reconnaissance de ta propre valeur intrinsèque, et c'est cette certitude qui attire l'amour authentique dans ta vie. N'oublie pas que tout le monde ne peut pas avoir le luxe de t'avoir dans leur vie, car ta présence est une richesse précieuse. Plutôt que de chercher l'approbation externe, apprends à t'apprécier pleinement. Quand tu connais ta propre valeur, tu attire naturellement des relations qui te reconnaissent à ta juste mesure. Sois fière de la personne que tu es et de ce que tu apportes au monde. Éloigne-toi de ceux qui ne reconnaissent pas ta valeur, car tu mérites d'être entourée de ceux qui voient et apprécient la lumière que tu portes en toi. La confiance en soi crée un magnétisme irrésistible, attirant des relations qui enrichissent ta vie plutôt que de la drainer. Alors, n'hésite pas à te positionner dans l'amour-propre et à choisir des relations qui reflètent la grandeur de ton être.

Zakaryae Jilal

RAPPELLE-TOI

“

Sous chaque femme forte et indépendante se trouve une petite fille brisée qui a dû apprendre à se relever et à ne jamais dépendre de personne

UN INSTANT POUR SOI ”

SAGESSE SOUS-JACENTE

Tu es une femme forte et indépendante, une combattante qui a surmonté des épreuves et a appris à se relever à maintes reprises. Derrière cette force apparente, il y a la petite fille que tu étais, celle qui a peut-être connu des moments difficiles et des blessures profondes. Il est important de reconnaître cette part vulnérable de toi-même, car c'est elle qui a contribué à forger la personne forte que tu es aujourd'hui. Prends le temps de t'écouter, d'apaiser les cicatrices de cette petite fille intérieure, et sois compatissante envers toi-même. Ta force ne réside pas dans l'absence de vulnérabilité, mais dans la capacité à puiser dans cette vulnérabilité pour grandir et évoluer. Accorde-toi le respect et l'amour que tu mérites, en reconnaissant la persévérance et la résilience qui habitent en toi. N'oublie jamais que ta force réside aussi dans la capacité à être douce envers toi-même, à prendre soin de la petite fille qui demeure en toi tout en embrassant la femme forte que tu es devenue.

Zakaryae Jilal

“

la confiance de la femme naît du comportement de l’homme

UN INSTANT POUR SOI ”

SAGESSE SOUS-JACENTE

Tu es une femme qui mérite d'être entourée d'hommes dignes de confiance. La confiance ne naît pas simplement de paroles, mais elle s'enracine profondément dans le comportement authentique et respectueux d'un homme. Sois attentive aux actions, à la manière dont un homme te traite, à son intégrité et à sa constance. La confiance se construit au fil du temps, à travers des actes cohérents et une loyauté démontrée. Ne te presse pas de confier ton cœur à celui qui ne montre pas un engagement sincère envers toi. Attends celui qui comprend que la confiance est un privilège gagné par la transparence, la fidélité et le respect mutuel. Sois également consciente de ta propre valeur et n'hésite pas à exprimer tes attentes. Ne compromets pas tes standards, car la confiance dans une relation est un échange équilibré. Choisis de t'entourer d'hommes dont le comportement inspire la confiance et qui contribuent positivement à ta vie. Tu mérites d'être avec quelqu'un qui valorise et renforce la confiance que tu lui accordes.

VÉRITABLE CARACTÈRE

" Si quelqu'un te trouve dure de caractère c'est qu'il n'arrive pas à te manipuler, à te contrôler encore moins à te cerner

UN INSTANT POUR SOI "

SAGESSE SOUS-JACENTE

Il est souvent difficile d'être incompris, mais parfois, cela signifie simplement que tu es une personne forte et indépendante. Si certains te perçoivent comme ayant un caractère fort, c'est probablement parce qu'ils ne peuvent pas te manipuler ou te contrôler à leur guise. Ta force intérieure peut déranger ceux qui cherchent à exploiter les autres. Ne laisse pas le jugement des autres te faire douter de ta valeur. La fermeté de ton caractère est un atout, une protection contre ceux qui ne recherchent que leur intérêt personnel. Reste fidèle à toi-même, maintiens tes convictions et ne te laisse pas influencer par ceux qui ne comprennent pas la véritable essence de qui tu es. Continue d'affirmer ta personnalité et d'avancer avec confiance, car ta force intérieure est une qualité précieuse qui te permettra de faire face aux défis de la vie. Les bonnes personnes reconnaîtront et apprécieront la valeur de ta force, tandis que celles qui cherchent à te manipuler seront naturellement écartées de ton chemin.

Zakaryae Jilal

SILENCE ÉLOQUENT

“

Ne te justifie pas, ne prouve rien. Ceux qui t'aiment resteront, les autres ne font que passer.

UN INSTANT POUR SOI

”

SAGESSE SOUS-JACENTE

Parfois, la meilleure façon de protéger ta paix intérieure est de ne pas te justifier ni de ressentir le besoin de prouver quoi que ce soit. Les personnes qui t'aiment vraiment comprendront et resteront à tes côtés, peu importe les circonstances. Se justifier constamment peut être épuisant et, dans bien des cas, inutile. Il est essentiel de reconnaître que tout le monde ne comprendra pas toujours tes choix, et c'est parfaitement acceptable. Reste fidèle à toi-même et à tes convictions, même si cela signifie que certaines personnes ne resteront pas dans ta vie. Les relations authentiques sont construites sur la confiance, la compréhension et le respect mutuel. Si tu passes trop de temps à te justifier, tu risques de t'épuiser émotionnellement. Garde ton énergie pour ceux qui apprécient réellement qui tu es. Cultive des relations qui sont fondées sur l'acceptation inconditionnelle plutôt que sur la nécessité constante de prouver ta valeur. En fin de compte, la vie est trop courte pour s'entourer de personnes qui ne reconnaissent pas la beauté de qui tu es vraiment.

Zakaryae Jilal

LÂCHER OPPORTUNE

“

Inutile de courir après ceux qui s'éloignent. La maturité, c'est aussi savoir lâcher prise au moment adéquat.

UN INSTANT POUR SOI ”

SAGESSE SOUS-JACENTE

Il est naturel de vouloir retenir ceux qui s'éloignent, mais parfois la sagesse réside dans la capacité à lâcher prise. La maturité émotionnelle implique de reconnaître que tout le monde suit son propre chemin dans la vie, et parfois cela signifie que des personnes importantes peuvent s'éloigner de nous. Plutôt que de courir après ceux qui ont choisi de partir, concentre-toi sur les relations qui restent solides et significatives. Lâcher prise ne signifie pas abandonner, mais plutôt accepter que chaque personne suit son propre parcours, et parfois ces chemins peuvent diverger. En te libérant de l'attachement excessif, tu te donnes la possibilité de grandir, d'apprendre et d'ouvrir la porte à de nouvelles opportunités. N'oublie pas que tu mérites des relations où ton investissement émotionnel est valorisé et réciproque. La vie est trop courte pour perdre du temps à poursuivre ceux qui ne souhaitent pas rester. La maturité consiste à reconnaître que ton énergie est précieuse et doit être dirigée vers des relations constructives et nourrissantes. En fin de compte, le lâcher-prise peut être une forme de libération qui te permet de t'épanouir pleinement dans ta vie.

Zakaryae Jilal

AVANCEMENT

❝

La meilleure vengeance réside dans l'avancement, reprendre le contrôle et persévérer dans la réussite. Ne jamais offrir à quelqu'un la satisfaction de te voir souffrir.

UN INSTANT POUR SOI ❞

SAGESSE SOUS-JACENTE

Face à l'adversité, la meilleure réponse n'est pas la vengeance, mais l'avancement personnel. Prends le contrôle de ta vie et persévère dans la poursuite de tes objectifs. Les défis peuvent être des opportunités déguisées pour te renforcer et te propulser vers le succès. Plutôt que de donner à quelqu'un le pouvoir de te faire souffrir, concentre-toi sur ta croissance personnelle et professionnelle. Utilise l'énergie qui aurait pu être consacrée à la vengeance pour te construire, évoluer et atteindre des sommets que tu n'aurais peut-être pas imaginés. La véritable victoire réside dans la capacité à triompher de l'adversité avec dignité et à créer une vie qui te comble de satisfaction. Garde à l'esprit que ton bonheur et ta réussite sont les meilleurs témoignages de ta force intérieure. En choisissant l'avancement plutôt que la vengeance, tu démontres une résilience qui inspire et élève non seulement toi-même, mais aussi ceux qui t'entourent. La route vers le succès est pavée de détermination, de persévérance et d'une focalisation positive sur l'avenir.

Zakaryae Jilal

"

Une femme brille différemment quand elle est profondément aimée et traitée avec respect

UN INSTANT POUR SOI "

SAGESSE SOUS-JACENTE

Tu es une étoile unique, et ta lumière brille d'une splendeur particulière lorsque tu es enveloppée d'amour et traitée avec le respect que tu mérites. Ne sous-estime jamais la puissance de ta propre lumière intérieure et de la façon dont elle s'intensifie lorsque tu es entourée de relations saines. Cherche des connexions qui valorisent ton authenticité, reconnaissent ta valeur et te traitent avec la considération que tu mérites. L'amour véritable et le respect sincère te permettent de rayonner d'une manière qui transcende les obstacles et illumine même les coins les plus sombres de ta vie. N'oublie pas que tu es digne d'une affection pure et d'une admiration sincère. Choisis des relations qui t'encouragent à grandir, à t'épanouir et à briller davantage. Lorsque tu es entourée de la bonne énergie, ta lumière intérieure s'intensifie, créant une aura positive qui inspire les autres. Sois consciente de la manière dont tu te perçois et de la façon dont les autres te traitent, car cela influence la brillance unique de ton éclat. Cultive des relations qui reflètent et magnifient la splendeur de la femme extraordinaire que tu es.

Zakaryae Jilal

SOUTIEN ADMIRATIF

"

Tu mérites quelqu'un qui te respecte, qui privilégie les solutions aux excuses, qui reste fort même dans les tempêtes. Quelqu'un qui t'admire, te soutient, et considère chaque jour passé à tes côtés comme une poésie à relire au réveil

UN INSTANT POUR SOI "

SAGESSE SOUS-JACENTE

Dans la symphonie de la vie, ta mélodie mérite d'être accompagnée par quelqu'un qui apprécie chaque note de ton existence. Recherche un partenaire qui accorde une valeur inestimable au respect, qui construit des ponts au lieu d'ériger des barrières, et qui demeure une source de force même lorsque les tempêtes de la vie grondent. Ton cœur mérite d'être entouré par quelqu'un qui t'admire sincèrement, qui est là pour te soutenir dans les hauts et les bas, et qui considère chaque journée passée à tes côtés comme un chapitre précieux dans le livre de votre histoire commune. Choisir un compagnon qui apprécie ta poésie intérieure et qui, chaque matin, récite les vers de l'amour et de la compréhension, est essentiel. Souviens-toi, tu es un poème inachevé, et celui qui marche à tes côtés devrait être le coauteur qui ajoute des lignes de bonheur, d'affection et de croissance à ton histoire. N'accepte rien de moins que quelqu'un qui contribue à faire de ta vie une œuvre d'art en constante évolution.

Zakaryae Jilal

FORCE RÉSILIENTE

“

La personne qui chute et se relève est bien plus forte que celle qui ne tombe jamais

UN INSTANT POUR SOI ”

SAGESSE SOUS-JACENTE

Dans le vaste théâtre de la vie, rappelle-toi que la véritable force réside dans la résilience face aux épreuves. Lorsque tu traverses des périodes de chute, vois-les comme des chapitres qui tissent la trame de ta force intérieure. La personne qui goûte à l'adversité, qui danse avec l'obscurité et émerge de l'autre côté, est celle qui connaît la véritable signification de la persévérance.

Les cicatrices que tu portes ne sont pas des marques de faiblesse, mais des témoignages de ta capacité à guérir et à évoluer. Chaque chute est une leçon, chaque épreuve est une opportunité de grandir. Alors, ne crains pas les trébuchements, mais apprends à danser avec l'impermanence de la vie.

La véritable grandeur se mesure à la manière dont tu te relèves après chaque chute. C'est dans ces moments de résurgence que se forge une force inébranlable, prête à affronter les vagues de la vie. Embrasse donc chaque chute comme une étape nécessaire de ton périple, car c'est là que réside la vraie puissance de ton être.

Zakaryae Jilal

“

Fière de qui je suis, j'ai surmonté les épreuves, les trahisons, les tourments du cœur, et la dépression. Seule, j'ai résisté sans jamais céder

UN INSTANT POUR SOI

”

SAGESSE SOUS-JACENTE

Dans ce vaste ballet de la vie, tu t'es tenue fièrement au centre de la scène, bravant les tempêtes et les tourbillons. Les épreuves, les trahisons et les moments sombres n'ont pas réussi à éteindre la flamme qui brille en toi. Tu as résisté avec une force intérieure indomptable, faisant face à la solitude comme une partenaire de danse. Chaque pas que tu as pris, chaque moment où tu as refusé de céder a été une affirmation de ta résilience. La vie t'a peut-être mise à l'épreuve, mais tu t'es révélée inébranlable. Continue à avancer avec la même fierté qui t'a guidée jusqu'ici. Tu es une force à admirer, une source d'inspiration pour tous ceux qui reconnaissent la puissance d'une personne qui a su rester debout, même dans l'obscurité. L'histoire que tu écris chaque jour est une ode à ta force intérieure, à ta fierté inaltérable et à ta capacité à surmonter. N'oublie jamais le pouvoir qui réside en toi, et danse avec confiance sur le rythme de ta propre résilience.

Zakaryae Jilal

“

N’abandonne pas, fais confiance au destin,
un changement positif va arriver dans ta vie

UN INSTANT POUR SOI

”

SAGESSE SOUS-JACENTE

Dans les moments difficiles, n'oublie pas que chaque défi que tu affrontes est une opportunité déguisée. Les épreuves ne déterminent pas ton destin, mais la manière dont tu choisis d'y réagir peut le façonner. Garde en tête que la vie est un voyage avec des hauts et des bas, mais chaque descente te prépare à une ascension encore plus grande.

Fais confiance au destin, même dans l'incertitude, car les changements positifs peuvent survenir lorsque tu t'y attends le moins. N'abandonne pas face à l'adversité ; au contraire, utilise-la comme une force motrice pour t'élever au-dessus des circonstances difficiles. Chaque jour offre de nouvelles possibilités, alors reste ouvert aux opportunités qui peuvent transformer ta vie.

La patience et la persévérance sont tes alliées. Cultive une attitude positive et proactive, car le destin prend souvent des tournures inattendues. La confiance en soi et une vision optimiste sont des clés pour accueillir les changements positifs qui t'attendent. N'oublie pas que tu es plus fort(e) que tu ne le penses, et tu es capable de surmonter tout ce qui se présente sur ton chemin.

“

Petit cercle, vie privée, cœur heureux, esprit calme

UN INSTANT POUR SOI ”

SAGESSE SOUS-JACENTE

La grandeur de la vie réside souvent dans la simplicité des choses, et cette maxime prend tout son sens avec l'adage "Petit cercle, vie privée, cœur heureux, esprit calme." En restreignant ton cercle à ceux qui partagent des connexions authentiques, tu t'entoures de relations solides et significatives. Un petit cercle permet une vie privée préservée, t'offrant l'intimité nécessaire pour cultiver des moments précieux et partager tes pensées les plus profondes avec ceux qui comptent vraiment. Un cœur heureux découle de relations nourrissantes et de la qualité plutôt que de la quantité. Il trouve la joie dans les échanges sincères et les moments partagés avec des personnes qui comprennent et apprécient ton essence. Un esprit calme résulte de l'harmonie dans tes relations, où la confiance et la compréhension règnent en maître. En ayant un cercle restreint, tu minimises les tensions inutiles et les complications, créant un espace mental paisible. Ainsi, la clé de la vie réside peut-être dans la capacité à apprécier les petits cercles, à chérir une vie privée bien préservée, à nourrir un cœur heureux et à cultiver un esprit calme. En embrassant cette philosophie, tu découvriras une richesse dans la simplicité et une paix dans l'authenticité de tes relations.

Zakaryae Jilal

LÂCHE PRISE

> Assez parlé, assez expliqué, assez donné, assez aimé, assez douté. Rien n'a changé. Lâche prise, avance, et ne te retourne jamais

UN INSTANT POUR SOI

SAGESSE SOUS-JACENTE

Il arrive un moment dans la vie où tu réalises que les paroles ne suffisent plus à provoquer le changement que tu désires. Assez de discours, assez d'explications ; l'énergie que tu as investie n'a pas toujours trouvé d'écho. Tu as donné plus que tu ne le pensais possible, aimé de tout ton être, et même dans le doute, tu as persisté. Pourtant, malgré tous ces efforts, le statu quo persiste.

C'est là que le lâcher-prise devient un acte de libération. Accepte que tout ce que tu as déjà fait a été suffisant, et qu'il est temps de te libérer des fardeaux qui ne sont pas les tiens à porter. Avance avec la certitude que l'avenir t'attend, riche de promesses et de nouvelles opportunités. Ne te retourne jamais sur le passé avec regret, car chaque pas que tu fais vers l'avant est une victoire sur les stagnations du passé. La vie est un chemin en constante évolution, et en choisissant d'avancer, tu ouvres la porte à des horizons inexplorés.

Zakaryae Jilal

PENSE DAVANTAGE À TOI-MÊME.

“

Je suis en train de devenir la femme que je veux être. Excuse-moi si je deviens égoïste avec mon temps et mon énergie

UN INSTANT POUR SOI ”

SAGESSE SOUS-JACENTE

Il est admirable de te voir évoluer vers la personne que tu souhaites devenir. Ce cheminement vers l'autodéfinition et l'accomplissement personnel est une quête précieuse. En embrassant cette transformation, il est essentiel de reconnaître et de respecter les limites que tu te fixes.

Le fait de devenir plus consciente de ta croissance personnelle peut parfois nécessiter une certaine concentration sur toi-même. Cela ne signifie pas nécessairement l'égoïsme, mais plutôt une nécessité saine de préserver ton temps et ton énergie pour cultiver le meilleur de toi-même. En chemin vers l'auto-découverte, il est normal de se concentrer sur tes besoins et aspirations.

N'oublie pas que cette évolution personnelle est un voyage, et il est crucial de te permettre d'apprendre, de grandir et de t'épanouir. Accorde-toi la bienveillance que tu mérites, tout en restant consciente des relations qui sont importantes pour toi. Chaque étape vers la femme que tu veux être est une victoire, et il est tout à fait légitime de protéger cet espace de croissance.

Zakaryae Jilal

ADAPTATION

“

On s'adapte à tout, à être forte, à être seule, et à être forte en solitaire

UN INSTANT POUR SOI ”

SAGESSE SOUS-JACENTE

Parfois, la vie nous confronte à des défis qui exigent de nous une force intérieure remarquable. L'adaptabilité devient alors une alliée précieuse. Imagine-toi comme un arbre robuste qui se plie mais ne se casse pas face aux vents violents. Apprendre à être forte, c'est aussi accepter le fait que la solitude peut être une puissante source d'autonomie. Cultive ta force intérieure en t'entourant de tes propres pensées, en découvrant ta véritable essence. La solitude peut être une toile où tu peins ta propre authenticité.

N'oublie pas que la force réside aussi dans la capacité à affronter l'inconnu. Sois prête à t'adapter aux circonstances, à danser avec les imprévus de la vie. Cherche en toi cette résilience qui te permettra de surmonter les moments difficiles. Sois la gardienne de ton propre bien-être, et laisse ta force intérieure éclairer le chemin même dans les moments solitaires. Chaque épreuve est une occasion de grandir, de devenir une version plus forte et épanouie de toi-même. Alors, Prends le chemin avec confiance, et fais de chaque défi une étape vers la meilleure version de toi-même.

Zakaryae Jilal

CONNEXION IMMÉDIATE

“

Tu croiseras quelqu'un avec qui une connexion immédiate se fera. Vous deviendrez meilleurs amis, puis l'amour naîtra, et vous vous comprendrez à la perfection

UN INSTANT POUR SOI

”

SAGESSE SOUS-JACENTE

La vie réserve parfois des rencontres extraordinaires, des connexions qui transcendent les circonstances et les explications rationnelles. Sois ouverte et prête à accueillir ces moments uniques, car tu pourrais croiser quelqu'un avec qui une connexion profonde et immédiate se créera.

Lorsque cette connexion se transforme en amitié, nourris-la et cultivez-la ensemble. Les meilleurs amis sont des trésors rares, et la fondation solide d'une relation amoureuse épanouissante peut souvent émerger de cette amitié sincère.

Lorsque l'amour pointera son nez, embrasse-le avec tout ton cœur. Les relations qui naissent de compréhension mutuelle et de connexion profonde ont le potentiel de résister aux épreuves du temps.

Sois attentive aux signes de cette connexion spéciale, mais n'oublie pas que chaque relation demande du temps et de l'investissement. Soyez patients, communiquez ouvertement et, surtout, appréciez chaque étape du parcours. La vie nous réserve parfois de magnifiques surprises, et une connexion authentique avec une âme sœur peut être l'une d'entre elles.

Zakaryae Jilal

DISPARITION

"

Parfois il faut disparaitre pour qu'il comprend que c'était mieux quand tu étais là

UN INSTANT POUR SOI

"

SAGESSE SOUS-JACENTE

Il est parfois nécessaire de prendre du recul, de s'éloigner pour que les autres réalisent la valeur de ta présence. Lorsque tu te retrouves dans une situation où tu te sens sous-estimé, ignoré ou mal compris, il peut être salutaire de faire une pause.

Disparaître momentanément ne signifie pas abandonner, mais plutôt donner aux autres l'opportunité de comprendre l'impact que tu avais dans leur vie. Parfois, les gens ne réalisent pas la valeur d'une personne tant qu'elle n'est plus présente.

En prenant ce temps pour toi, tu peux également te recentrer, évaluer tes propres besoins et te donner l'occasion de grandir. La distance peut parfois apporter de la clarté et permettre aux autres de prendre conscience de ce qu'ils ont perdu.

Il est important de te rappeler que tu mérites d'être apprécié et respecté. Si après ton absence, les gens ne reconnaissent toujours pas ta valeur, cela pourrait être un signe de la nécessité de t'éloigner de manière plus permanente pour ton propre bien-être. N'oublie jamais ta propre valeur et ne sacrifie pas ta dignité pour ceux qui ne reconnaissent pas la personne extraordinaire que tu es.

Zakaryae Jilal

CHOIX SAGE

“

Choisis un homme qui te désire, qui t'attend, et qui te comprend même dans tes moments de folie

UN INSTANT POUR SOI

”

SAGESSE SOUS-JACENTE

Il est essentiel de choisir un partenaire qui te valorise pleinement. Opte pour quelqu'un qui non seulement ressent une attirance physique, mais qui te désire profondément en tant que personne. Cherche un homme qui ne se lasse pas d'attendre, quelqu'un qui reconnaît la valeur du temps passé à t'attendre, car il sait que tu es précieuse.

Plus important encore, trouve un homme qui comprend et apprécie toutes les facettes de ta personnalité, même celles qui peuvent sembler un peu folles par moments. Cherche un partenaire qui ne te juge pas, mais qui te soutient et t'accepte avec toutes tes imperfections.

Sélectionne un homme avec lequel tu peux construire une connexion profonde, basée sur la compréhension mutuelle et le respect. Ne te contente pas de quelqu'un qui te voit comme une option, mais choisis celui qui te considère comme une priorité.

En conclusion, dans le choix de ton partenaire, vise quelqu'un qui te désire intensément, qui apprécie ton temps et qui est capable de comprendre et d'accepter toutes les nuances qui font de toi la personne exceptionnelle que tu es.

Zakaryae Jilal

ORIGINALITÉ ESSENTIELLE

“

Ne te conforme pas, reste étrange, sois unique. C'est là où réside ta puissance

UN INSTANT POUR SOI

”

SAGESSE SOUS-JACENTE

Au cœur de cette existence éphémère, n'oublie jamais que ta force réside dans ton authenticité. Évite les sentiers battus, car c'est dans l'unicité de ta singularité que se forge ton pouvoir intérieur. Ne te plie pas aux normes préétablies, mais laisse fleurir ta bizarrerie, car c'est là que se niche la beauté de ton être.
Les éclats de ta différence sont les couleurs qui illuminent la toile de ta vie. Ose être étrange, car c'est dans cette étrangeté que tu découvriras ta véritable essence. La société peut parfois tenter de te façonner selon ses moules, mais résiste à cette pression et célèbre ta nature unique.
Sache que la véritable grandeur réside dans la liberté d'être soi-même. Ose exprimer tes idées, même si elles défient la norme. Écoute la musique de ton cœur, même si elle joue une mélodie inhabituelle. Dans l'étrangeté de ta vérité, tu trouveras une puissance incommensurable, capable de créer des miracles et d'inspirer ceux qui croisent ton chemin. Alors, chéris ta singularité, car c'est là que se dessine la voie de ta véritable grandeur.

Zakaryae Jilal

INDÉPENDANCE

> Je célèbre chaque femme qui ose dire : 'Je suis une femme indépendante.' Votre force, votre détermination et votre indépendance sont les fondations d'un monde meilleur pour tous. Continuez à briller, à inspirer et à conquérir
>
> UN INSTANT POUR SOI

SAGESSE SOUS-JACENTE

Chère amie, votre courage à proclamer votre indépendance est une lumière brillante dans ce monde parfois complexe. Votre force et votre détermination ne sont pas simplement des traits personnels, mais des piliers qui élèvent non seulement vous-même, mais aussi ceux qui vous entourent. Chaque fois que vous affirmez votre indépendance, vous contribuez à la construction d'un monde plus équitable et éclairé.

Votre capacité à briller indépendamment, à inspirer par votre exemple et à conquérir vos propres défis est une inspiration pour tous ceux qui vous observent. Se tenir forte dans votre autonomie est un acte puissant qui résonne bien au-delà de votre existence individuelle. Continuez à écrire votre propre histoire avec la plume de l'indépendance, car cela ouvre des portes pour d'autres femmes qui cherchent à suivre vos traces.

Votre indépendance est une affirmation de votre liberté et de votre pouvoir personnel. En persistant dans cette voie, vous contribuez à élargir le champ des possibilités pour toutes les femmes, créant ainsi un héritage qui transcende les générations. Que votre lumière continue de briller, guidant le chemin pour un avenir où l'indépendance féminine est célébrée et respectée.

Zakaryae Jilal

DISCERNEMENT

“ Choisis la rareté et l'inaccessibilité. Ne gaspille pas tes paroles et ton temps avec tout le monde. Ton attention est précieuse, réserve-la à ceux qui en valent vraiment la peine

UN INSTANT POUR SOI ”

SAGESSE SOUS-JACENTE

Il est temps de reconnaître la valeur de ton temps et de ton énergie. Choisis la rareté et l'inaccessibilité comme des joyaux précieux que tu réserves à des personnes dignes. Ne gaspille pas tes paroles et ton attention sur tout le monde, car tu es une ressource limitée, et il est essentiel de l'investir judicieusement.

Identifie ceux qui apportent une valeur réelle à ta vie, qui te soutiennent et partagent des valeurs similaires. Ces relations sont celles qui méritent ton temps et ton engagement. La rareté dans tes interactions crée une aura spéciale et suscite l'appréciation.

En faisant preuve de discernement dans tes relations, tu élèves la qualité de tes connexions. Cela te permet de t'entourer de personnes qui comprennent et respectent la valeur de ton temps. Sois sélectif, car la rareté renforce l'impact, et il vaut mieux avoir quelques relations significatives que de disperser ton énergie de manière superficielle.

Rappelle-toi que la rareté engendre l'appréciation. En choisissant soigneusement où tu investis ton temps et ton attention, tu crées une dynamique où chaque interaction compte. Fais de chaque moment une occasion précieuse et laisse l'inaccessibilité ajouter de la valeur à tes relations.

Zakaryae Jilal

ÉQUILIBRE RETROUVÉ

“

Certains quittent ta vie, et soudain, tout semble retrouver son équilibre

UN INSTANT POUR SOI ”

SAGESSE SOUS-JACENTE

Il est naturel de ressentir un vide lorsque des personnes quittent ta vie, mais parfois, cette absence inattendue peut apporter un équilibre que tu n'aurais pas imaginé. Ne t'accroche pas à ceux qui s'en vont, mais plutôt, laisse cet espace se remplir de nouvelles opportunités, de croissance personnelle et d'énergie positive.

La vie est pleine de mouvements, de départs et d'arrivées. Accepte le flux constant des relations, car chaque personne qui entre et sort de ta vie apporte avec elle des leçons précieuses. Certaines départs sont en réalité des bénédictions déguisées, créant de l'espace pour des connexions plus authentiques et épanouissantes.

Lorsqu'une porte se ferme, une autre s'ouvre. Profite de cette opportunité pour te concentrer sur toi-même, pour cultiver tes passions, et pour renforcer les liens avec ceux qui restent. La vie a un moyen de rétablir l'équilibre, souvent de manière inattendue, alors fais confiance au processus et laisse-toi guider par les nouvelles possibilités qui se présentent.

N'oublie pas que ton équilibre intérieur est précieux. Apprends à apprécier le calme qui suit le départ de certaines personnes. C'est peut-être le moment propice pour te redécouvrir, pour te concentrer sur tes objectifs personnels, et pour t'épanouir pleinement. La vie continue, et chaque chapitre offre une nouvelle chance de croissance et de bonheur.

Zakaryae Jilal

DÉTERMINATION AVANCÉE

"

Les femmes de caractère ne sollicitent pas la présence des amuseurs, elles avancent avec détermination

UN INSTANT POUR SOI "

SAGESSE SOUS-JACENTE

Tu es une femme forte, dotée d'une détermination qui te guide dans tes choix et ta vie. Les amuseurs, souvent éphémères, ne sont pas à la hauteur de ton caractère affirmé. Continue à avancer avec assurance, sachant que la qualité de tes relations vaut bien plus que la quantité.

Les femmes de caractère n'ont pas besoin de divertissements superficiels. Elles sont focalisées sur leurs objectifs, sur la construction de relations significatives et sur le développement personnel. Ne te laisse pas distraire par ceux qui ne comprennent pas la profondeur de ton engagement envers toi-même.

La détermination qui t'anime est une force précieuse. Utilise-la pour atteindre tes aspirations et construire des relations basées sur la solidité et la compréhension mutuelle. Ton chemin est unique, et chaque étape est une occasion de grandir et de manifester ta véritable essence.

Ne te résigne jamais à moins que ce que tu mérites. Avance avec la certitude que ta détermination te mènera vers des horizons où tu seras entourée de personnes qui apprécient et respectent la femme exceptionnelle que tu es. Tes choix et ton caractère sont la clé de ta réussite et de relations épanouissantes.

Zakaryae Jilal

ÉTRANGETÉ

“

Quand tu ressens quelque chose d'étrange, c'est parce qu'il y a effectivement quelque chose d'étrange

UN INSTANT POUR SOI ”

SAGESSE SOUS-JACENTE

Écoute attentivement ces sentiments étranges qui émergent en toi, car ils sont souvent des signaux importants de ton intuition. Ton être intérieur perçoit parfois des éléments que ta conscience n'a pas encore saisis. Ne minimise pas ces ressentis, car ils pourraient être la clé de compréhension de situations complexes.

Les sensations étranges peuvent être des avertissements ou des encouragements subtils. Prends le temps de te connecter avec toi-même, d'explorer ces sentiments sans jugement. Parfois, l'intuition parle plus fort que la logique, et c'est dans ces moments que tu peux découvrir des vérités profondes.

Accorde de l'importance à tes instincts. Si quelque chose te semble étrange, cela peut être une indication que tu as besoin de creuser un peu plus profondément. Sois à l'écoute de ton corps, de ton esprit et de ton cœur, car ils sont des guides précieux dans ta quête de compréhension personnelle.

N'aie pas peur de remettre en question ce qui te semble étrange. Parfois, c'est dans la recherche de réponses que tu découvriras des aspects importants de toi-même et de ton environnement. Cultive cette connexion avec ton intuition, car elle peut t'apporter une clarté profonde dans les moments de doute.

Zakaryae Jilal

FORCE PERSONNELLE

“

Ta force réside dans la capacité à avancer, même lorsque tu croyais avoir épuisé toutes tes forces. Tu es une personne exceptionnelle

UN INSTANT POUR SOI ”

SAGESSE SOUS-JACENTE

Au cœur de ta personnalité exceptionnelle se trouve une force indomptable, une capacité à avancer même lorsque tu penses avoir épuisé toutes tes réserves d'énergie. Chaque épreuve sur ton chemin n'est pas un signe de faiblesse, mais plutôt une occasion de mettre en lumière ta résilience et ton courage. Rappele-toi que, même dans les moments les plus sombres, une lumière intérieure persiste en toi, prête à éclairer ton chemin. Ta force réside dans la façon dont tu te relèves après chaque chute, dans la manière dont tu transformes les défis en opportunités. Les épreuves ne définissent pas qui tu es, mais plutôt comment tu choisis de les surmonter. Sois fier(e) de ta force intérieure et de la personne exceptionnelle que tu es en train de devenir. Lorsque le poids du monde semble trop lourd, souviens-toi que tu portes en toi une force qui transcende les limites. Continue d'avancer, car chaque pas que tu fais est une victoire sur les doutes et les incertitudes. Tu es une personne extraordinaire, capable de transcender les adversités et de rayonner dans la clarté de ta propre lumière.

Zakaryae Jilal

PARDON PARTAGÉ

“

La relation gagne en puissance lorsque les deux sont prêts à reconnaître leurs erreurs et à se pardonner mutuellement

UN INSTANT POUR SOI ”

SAGESSE SOUS-JACENTE

Au sein de toute relation, sache que la véritable puissance émane de la volonté partagée de reconnaître ses propres erreurs et d'offrir le don précieux du pardon. Dans cette démarche commune, les cœurs se tissent plus étroitement, formant une trame de compréhension et d'empathie.

Le pardon n'est pas simplement un acte, mais une transformation intérieure qui libère les âmes des poids du passé. Lorsque deux êtres ont la générosité de pardonner, ils ouvrent la porte à la croissance personnelle et à l'épanouissement mutuel. Le pardon est une boussole qui guide la relation vers des eaux plus profondes, où la compréhension et la bienveillance prévalent.

Sache que reconnaître ses erreurs n'est pas un signe de faiblesse, mais une manifestation de maturité et de courage. Dans l'acte de pardonner, tu ne fais pas seulement don de la paix à l'autre, mais aussi à toi-même. Cultive donc cette précieuse qualité, car c'est dans la capacité à reconnaître, à pardonner et à évoluer ensemble que se forge une relation véritablement puissante et enrichissante.

Zakaryae Jilal

AFFECTION SINCÈRE

"

La personne qui mérite une place unique dans ta vie est celle qui ne t'a jamais fait ressentir que tu étais une option dans la sienne

UN INSTANT POUR SOI "

SAGESSE SOUS-JACENTE

Choisis des relations où tu te sens non seulement aimé, mais aussi essentiel. Entoure-toi de personnes qui valorisent ta présence et te considèrent comme une priorité. La véritable connexion vient de ceux qui ne te laissent jamais douter de ton importance à leurs yeux. N'investis pas ton temps émotionnel dans des relations où tu es relégué au second plan. Cherche ceux qui te soutiennent, t'encouragent et te comprennent sans que tu aies à le demander. Priorise ceux qui partagent réellement ta joie et tes peines, créant ainsi un lien authentique. La qualité de tes relations façonne ta vie, alors choisis des personnes qui ajoutent de la valeur et de la positivité à ton quotidien. Ne crains pas de laisser partir ceux qui ne reconnaissent pas ton unicité, car c'est dans la qualité, non la quantité, que réside la véritable richesse relationnelle.

Zakaryae Jilal

RETROUVAILLES NÉCESSAIRES

“

Parfois, la séparation de deux personnes est nécessaire pour qu'elles réalisent à quel point elles ont besoin l'une de l'autre

UN INSTANT POUR SOI

”

SAGESSE SOUS-JACENTE

Les chemins qui se séparent dans une relation peuvent être des occasions de croissance et de compréhension. Parfois, la distance permet de réaliser la véritable valeur de la présence de l'autre dans nos vies. L'absence agit comme un révélateur, mettant en lumière ce qui manque lorsque nous ne sommes pas ensemble. Utilise ces moments de séparation pour te concentrer sur ta croissance personnelle et pour mieux comprendre tes propres besoins. Les relations authentiques résistent à la distance et émergent souvent renforcées. Chaque éloignement peut être une étape cruciale dans la construction de liens plus forts. Profite de ces moments pour évaluer la nature de la connexion et renforcer les bases de la relation. N'aie pas peur de la distance, car elle peut être le moyen de redécouvrir la valeur de la présence de l'autre. Accepte ces moments comme des opportunités de renouvellement et de réaffirmation mutuelle.

Zakaryae Jilal

FORCE INTÉRIEURE

❝

Ne t'inquiète pas pour moi, je m'en sortirai. J'ai toujours réussi, parfois plus ou moins brisée, mais toujours bien vivante à la fin

UN INSTANT POUR SOI ❞

SAGESSE SOUS-JACENTE

C'est admirable de voir ta force intérieure et ta résilience face aux défis. Souvent, ce ne sont pas les circonstances qui définissent notre destin, mais notre capacité à nous relever malgré les épreuves. Ta détermination à te relever, même dans les moments difficiles, est une source d'inspiration. Les expériences brisantes peuvent être des enseignements puissants, sculptant la personne exceptionnelle que tu es aujourd'hui. Continue à croire en ta capacité à surmonter, à apprendre et à grandir. N'oublie pas de t'accorder de la compassion et de la gentillesse dans ces moments. Utilise chaque défi comme une occasion de renforcer ta résilience et de forger une confiance inébranlable en toi-même. Ton parcours démontre que tu possèdes une force intérieure qui te guide vers la vie et la vitalité. Garde cette étincelle vivante et continue à embrasser chaque expérience comme une chance de croître et de prospérer.

Zakaryae Jilal

MANIPULATION ÉVANESCENTE

❝

Des excuses sans changement de comportement, c'est simplement de la manipulation

UN INSTANT POUR SOI ❞

SAGESSE SOUS-JACENTE

Au cœur de cette sagesse que je partage avec toi, retiens ceci : des excuses dénuées de tout changement de comportement ne sont que l'ombre de la vérité. Les paroles peuvent apaiser momentanément, mais la véritable transformation réside dans les actes qui suivent.

Lorsque tu te trouves face à des excuses répétées sans une modification substantielle des actions, méfie-toi. Les mots devraient être les prémices d'une métamorphose, d'une évolution sincère. La véritable rédemption ne réside pas dans les promesses vides, mais dans la démonstration tangible d'un engagement renouvelé.

Accorde à chacun la possibilité de changer, mais ne te laisse pas bercer par des excuses stériles. La vraie transformation demande du temps, des efforts constants et une volonté authentique de s'améliorer. Sois attentif aux signes de cette transformation, car c'est dans la congruence entre les paroles et les actions que se révèle la véritable sincérité.

Zakaryae Jilal

AMOUR ÉPUISÉ

“

Quand tu décides que c'est la fin, ce n'est pas par manque d'amour, mais par manque de force pour donner sans jamais recevoir en retour

UN INSTANT POUR SOI ”

SAGESSE SOUS-JACENTE

Dans la vie, il y a des moments où tu ressens le besoin de clore un chapitre, et cela ne reflète pas une absence d'affection, mais plutôt un désir profond de préserver ton bien-être. Quand tu décides que c'est le moment de dire au revoir, cela ne signifie pas que l'amour a disparu, mais plutôt que tu as compris l'importance de maintenir un équilibre. Il est crucial de reconnaître que donner sans jamais recevoir en retour peut épuiser même les réserves les plus profondes de l'amour.

Cela ne fait pas de toi quelqu'un de faible, mais plutôt quelqu'un de sage, capable de comprendre ses propres limites. En choisissant de mettre fin à une relation déséquilibrée, tu t'ouvres à la possibilité de te concentrer sur toi-même et de cultiver une force intérieure. Parfois, le véritable amour-propre réside dans la capacité de reconnaître quand il est temps de mettre un terme à une situation qui ne te nourrit plus.

Alors, quand tu prends cette décision, rappelle-toi que cela n'efface pas les moments d'amour partagé, mais ouvre la voie à de nouvelles opportunités de croissance personnelle. Choisis de t'entourer de relations qui enrichissent ta vie, où l'amour circule librement dans les deux sens. Tu mérites d'être dans une dynamique où ton cœur est nourri autant que tu donnes.

Zakaryae Jilal

“

Quand quelqu'un te veut sincèrement, il ne te laissera jamais partir, même si tu as tes complexités.

UN INSTANT POUR SOI ”

SAGESSE SOUS-JACENTE

Il est précieux de reconnaître ceux qui restent malgré les aspérités de la vie. Les personnes authentiques ne t'abandonnent pas face à tes imperfections, mais choisissent de partager les hauts et les bas avec toi. C'est dans la vulnérabilité partagée que les liens se renforcent. Accorde-toi la permission d'être toi-même, avec toutes tes complexités, car ceux qui tiennent vraiment à toi ne te jugeront pas. La véritable connexion émerge lorsque l'acceptation inconditionnelle prend le dessus. Cherche des relations où tu te sens libre d'être authentique, sans craindre d'être abandonné. La vie est une danse complexe, et ceux qui dansent à tes côtés malgré les faux pas sont les partenaires qui méritent ta confiance. N'oublie pas que la sincérité se manifeste dans la constance, même lorsque les choses deviennent difficiles. Cheris ces relations qui transcendent les défis, car elles sont le tissu même d'une vie bien partagée.

JUSTICE DIVINE

> La roue tourne. Cela peut prendre des mois, des années, mais elle tourne. Ne t'inquiète pas, le mal revient toujours à celui qui l'a causé
>
> UN INSTANT POUR SOI

SAGESSE SOUS-JACENTE

Au fil des jours qui s'écoulent comme des chapitres d'un livre sacré, souviens-toi que chaque action que tu entreprends est une pierre jetée dans le vaste étang de l'existence. La roue du destin, insaisissable et puissante, trace son chemin indépendamment du rythme frénétique de nos vies. Même lorsque les nuages sombres de l'injustice semblent éclipsés, aie foi en l'invisible rééquilibre cosmique. Chaque épreuve, chaque triomphe, tisse les fils invisibles de ton destin avec une précision infinie.

La vie, telle une symphonie cosmique, se joue avec des notes de lumière et d'ombre. Quand l'ombre s'étend, ne laisse pas l'anxiété éclipser la clarté de ton être intérieur. La sagesse réside dans la compréhension que le mal, comme une ombre fidèle, revient à son origine. Cultive l'amour et la justesse, car ces forces sont des phares qui dissipent les ténèbres.

Chaque instant, chaque choix, contribue à l'équilibre délicat de la balance universelle. Enracine-toi dans la vérité, car c'est là que réside la force. Sois l'architecte de ton destin, tissant une trame de bienveillance et d'intégrité. N'aie crainte, car la roue tourne inlassablement, révélant la justice qui attend patiemment son heure. Embrasse chaque moment comme une opportunité de grandir, de contribuer à l'harmonie du monde et de laisser une empreinte lumineuse dans le sable du temps.

Zakaryae Jilal

“

Le temps dira qui a perdu qui

UN INSTANT POUR SOI ”

SAGESSE SOUS-JACENTE

Dans les méandres mystérieux de la vie, chaque instant est une page de notre histoire, une énigme dévoilée au fil du temps. La phrase "Le temps dira qui a perdu qui" résonne comme un mantra de patience et de confiance envers le flux inéluctable des jours. Ne sois pas pressé de tirer des conclusions hâtives, car la vie elle-même est le plus sage des juges. Chaque rencontre, chaque séparation, tisse une trame complexe qui se dévoile progressivement, comme les pétales d'une fleur au lever du jour.

Les chemins que nous empruntons sont des récits en construction, des histoires qui se déplient avec une logique propre que seul le temps peut révéler. Il y a une beauté profonde dans laisser le temps agir comme le scribe de nos expériences, inscrivant chaque leçon sur les pages de notre être. La compréhension véritable émerge lorsque nous permettons aux événements de mûrir, de se transformer en une sagesse qui transcende les jugements immédiats.

Accepte l'incertitude avec sérénité, car c'est dans le flux du temps que se révèlent les vérités cachées. Sois le gardien attentif de tes actions, car chaque choix façonne le tableau vivant de ton existence. Dans l'attente paisible du verdict du temps, puises dans la patience et la réflexion. Laisse chaque chapitre se déployer naturellement, et laisse le temps guider tes pas vers la compréhension profonde de ce qui est réellement perdu ou gagné dans le tissu infini de la vie.

Zakaryae Jilal

ATTIRANCE INÉLUCTABLE

“

Deux personnes peuvent être destinées l'une à l'autre, mais parfois, ce n'est pas le moment idéal. Le destin se charge de les réunir, car les âmes sœurs finissent toujours par se retrouver

UN INSTANT POUR SOI ”

SAGESSE SOUS-JACENTE

Il est réconfortant de penser que certaines connexions sont écrites dans le script de nos vies. Deux âmes destinées peuvent parfois se croiser avant que les circonstances ne permettent une union parfaite. Il est crucial de comprendre que le timing de la vie est complexe, et parfois, la synchronisation parfaite prend du temps. Plutôt que de forcer les choses, permettez au destin de jouer son rôle. Investissez dans votre propre croissance personnelle, car c'est souvent lorsque deux individus sont prêts sur le plan personnel que le destin les rapproche. Les détours et les retards ne sont pas des signes d'échec, mais plutôt des chapitres essentiels d'une histoire qui se déroule. Ayez foi en votre propre parcours et en celui de l'autre. Soyez ouvert aux expériences qui vous forgent, car chaque moment contribue à l'évolution nécessaire pour unir deux âmes sœurs. La vie réserve souvent des surprises inattendues, alors maintenez une attitude positive et soyez prêt à embrasser les opportunités qui se présentent. Laissez le temps être votre allié, car les connexions authentiques se matérialisent au moment le plus propice. Cultivez la patience, la confiance et la croissance personnelle, car c'est ainsi que les destins s'entrelacent de manière magique.

Zakaryae Jilal

COMBAT SILENCIEUX

“

Le silence te révélera qu'une femme qui ne parle plus est une femme qui s'est assez battue.

UN INSTANT POUR SOI ”

SAGESSE SOUS-JACENTE

Les silences parlent souvent plus fort que les mots. Lorsqu'une femme choisit le silence, il est crucial de prêter attention à ce langage non verbal. Ce n'est pas un signe de faiblesse, mais plutôt une indication de la force intérieure déployée. Respecte ces moments de retenue, car ils reflètent peut-être des batailles invisibles et des cicatrices émotionnelles. Cherche à comprendre la profondeur de son silence, car il peut être porteur de douleurs qu'elle n'exprime pas verbalement. Sois présent, mais pas oppressant, offrant un espace pour que sa voix intérieure trouve le chemin de l'expression quand elle se sentira prête. La patience et la compréhension sont des alliées dans ces moments délicats. Souviens-toi que derrière chaque silence, il y a une histoire, une force et une résilience. Offre un soutien sans jugement et, si elle choisit de partager, écoute avec empathie. Dans ces moments, la connexion authentique s'épanouit lorsque tu démontres une compréhension profonde au-delà des mots.

Zakaryae Jilal

RENONCER AVEC AMOUR

“

Ne quitte pas quelqu'un parce que quelque chose s'est mal passé, quitte-le parce que malgré tous tes efforts, rien ne s'améliore

UN INSTANT POUR SOI ”

SAGESSE SOUS-JACENTE

Il est difficile de prendre la décision de quitter quelqu'un, mais parfois, c'est un acte de préservation de soi nécessaire. Si malgré tes efforts constants, la situation ne s'améliore pas, il est important d'évaluer la dynamique de la relation. La persévérance est admirable, mais il est tout aussi important de reconnaître quand il est temps de tourner la page. Lorsque le bien-être émotionnel et mental est en jeu, il est crucial d'écouter cette petite voix intérieure qui peut te guider vers une décision difficile mais nécessaire. Ne base pas ta décision uniquement sur les erreurs passées, mais sur la possibilité réelle d'une croissance positive et d'une transformation. Priorise ta propre santé émotionnelle et recherche des relations qui contribuent à ton épanouissement. Se libérer d'une situation qui ne s'améliore pas peut être le catalyseur d'un nouveau chapitre rempli de croissance et de bonheur. Sache que choisir de partir ne signifie pas un échec, mais plutôt une affirmation de ton droit à une vie épanouissante. Cherche des relations qui enrichissent ta vie, où les efforts sont mutuels et où l'évolution constante est une réalité.

Zakaryae Jilal

ESPÉRANCE

“

La vie finira par te donner ce que tu as toujours voulu. Sois patiente. Tout ce que tu mérites est sur ton chemin, il suffit d'y croire.

UN INSTANT POUR SOI ”

SAGESSE SOUS-JACENTE

Il peut être difficile d'être patiente quand on aspire à quelque chose qui semble encore hors de portée, mais garde en tête que chaque moment difficile est une marche vers la réalisation de tes rêves. Les défis que tu rencontres ne sont que des étapes temporaires, des opportunités de croissance personnelle. Cultive la patience et la confiance en toi-même.

Il est essentiel de croire en la valeur de tes efforts et en la direction que tu prends. Souvent, les succès significatifs prennent du temps à se concrétiser. Reste concentrée sur tes objectifs, travaille de manière constante et continue de croire en la possibilité de réaliser tes aspirations.

La vie a une manière unique de récompenser la persévérance et la foi en soi. Chaque expérience, qu'elle soit positive ou négative, contribue à ta croissance personnelle et te rapproche un peu plus de ce que tu mérites. Alors, même dans les moments difficiles, rappelle-toi que tout ce que tu mérites est sur ton chemin. La clé réside dans la patience, la persévérance et la conviction inébranlable que tes rêves se réaliseront.

Zakaryae Jilal

DISTANCE RESPECTUEUSE

"Je ne nourris pas de rancune, mais il y a des personnes avec qui je préfère rompre tout contact. Je leur souhaite ni bien ni mal, qu'ils récoltent simplement ce qu'ils méritent, loin de moi

UN INSTANT POUR SOI"

SAGESSE SOUS-JACENTE

Il est admirable de choisir la voie de la non-rancune, car cela libère ton esprit des poids inutiles. Parfois, couper les liens avec des personnes toxiques est un acte de préservation personnelle, une façon de protéger ton bien-être émotionnel.

Bien que tu ne nourrisses pas de rancune, il est tout à fait légitime de décider de rompre tout contact avec ceux qui peuvent être nuisibles. Cela te permet de t'entourer de positivité et de favoriser une croissance personnelle saine.

En souhaitant à ces personnes de récolter ce qu'elles méritent, tu émets une énergie de détachement, laissant ainsi l'univers gérer les conséquences de leurs actions. C'est une manière de te libérer de l'influence négative tout en laissant place à la justice naturelle.

Continue d'avancer avec la certitude que tu mérites des relations qui t'apportent du bonheur et de l'épanouissement. En faisant ce choix, tu investis dans ta propre tranquillité d'esprit et dans un environnement positif propice à ton bien-être. La décision de s'éloigner de ce qui te nuit est un acte puissant d'amour envers toi-même, et cela t'ouvre la voie vers des relations plus saines et plus significatives.

Zakaryae Jilal

AUTO-LIBÉRATION

“

La meilleure leçon que j'ai apprise est d'arrêter de me battre pour quelqu'un qui n'avait rien contre le fait de me perdre.

UN INSTANT POUR SOI

”

SAGESSE SOUS-JACENTE

Il y a une sagesse inestimable dans le fait de reconnaître quand il est temps de cesser de lutter pour une personne qui ne valorise pas ta présence. La véritable leçon réside dans le détachement de ceux qui ne voient pas ta valeur et qui n'ont aucun scrupule à te perdre. Investir ton énergie dans des relations déséquilibrées peut être émotionnellement épuisant. Il est important de comprendre que l'amour et l'engagement doivent être mutuels. En te retirant de la lutte inutile, tu libères de l'espace pour des connexions qui t'apprécient réellement. Cela ne signifie pas une défaite, mais plutôt une victoire sur l'auto-sacrifice. Prends cette leçon comme une opportunité de croissance personnelle, apprenant à mettre en avant ta propre valeur. Les personnes qui apprécient réellement ce que tu apportes à leur vie seront celles pour lesquelles tu n'auras pas à te battre constamment. Choisis de t'entourer de ceux qui reconnaissent et chérissent la personne exceptionnelle que tu es.

AMOUR CONSTANT

"

Choisis l'homme qui te rappelle après une dispute, affirmant qu'aucune difficulté ne le fera te quitter.

UN INSTANT POUR SOI "

SAGESSE SOUS-JACENTE

Dans le jeu complexe des relations, privilégie celui qui ne voit pas les disputes comme une fin, mais comme une opportunité de renforcer vos liens. Cherche celui qui a la maturité émotionnelle de revenir vers toi après un désaccord, réaffirmant son engagement à travers les tempêtes. Les relations solides ne sont pas exemptes de conflits, mais ce qui compte, c'est la manière dont vous les surmontez ensemble. Opte pour quelqu'un qui comprend que les défis ne sont pas des raisons de partir, mais des occasions de grandir ensemble. Une relation épanouissante repose sur la volonté mutuelle de surmonter les obstacles. Trouve celui qui t'assure que même dans les moments difficiles, il est là pour rester. Ces affirmations ne sont pas seulement des mots, mais des promesses ancrées dans l'action et la persévérance. À travers cette approche, construisez une connexion qui résiste aux épreuves du temps. Les relations durables sont tissées avec des fils de compréhension, de communication et de résilience. N'oublie pas de choisir un partenaire qui, au lieu de fuir devant les difficultés, les utilise comme des occasions de fortifier vos liens.

Zakaryae Jilal

LIEN FORT

“ Il y a des amis qui deviennent une seconde famille

UN INSTANT POUR SOI ”

SAGESSE SOUS-JACENTE

Au sein de l'immense fresque de nos existences, parmi les protagonistes qui font leur entrée et leur sortie, se dessine un groupe d'amis qui transcende les frontières conventionnelles. Ces compagnons de route se métamorphosent en une constellation d'âmes, formant une tribu choisie dont l'essence s'épanouit au-delà des liens du sang. L'amitié profonde, entrelacée de fils invisibles d'affection et de confiance, tisse des liens qui résistent à l'épreuve du temps et des vicissitudes.

Lorsque tu rencontres ces amis qui évoluent pour devenir une seconde famille, apprécie chaque instant de cette communion d'âmes. Ces relations, forgées dans le creuset des expériences partagées, sont des joyaux rares qui enrichissent la trame de ton existence. C'est dans la simplicité des gestes, la compréhension silencieuse, que se construit cette famille choisie, une toile d'affection qui réchauffe le cœur quand les vents de la vie soufflent fort.

Protège ces liens précieux et investis dans les connexions authentiques qui transcendent le superficiel. Dans le jardin de l'amitié, cultive des fleurs de confiance, des arbres de soutien, et laisse les rires et les larmes arroser les racines de ces liens durables. Les amis qui évoluent pour devenir une seconde famille sont les gardiens de notre histoire, les témoins de notre croissance, et les échos doux de notre voyage à travers les saisons de la vie. N'oublie jamais le pouvoir transformateur de ces amitiés qui éclairent notre chemin comme des étoiles bienveillantes dans le firmament de l'existence.

Zakaryae Jilal

SÉRÉNITÉ PROFONDE

“

J'ai traversé mes moments les plus difficiles seul, pendant que tout le monde croyait que tout allait bien

UN INSTANT POUR SOI ”

SAGESSE SOUS-JACENTE

Il est indéniablement difficile de porter le fardeau des moments les plus sombres en solitaire, dissimulant derrière un masque de normalité. Souvent, la pression sociale pousse à projeter une image de bien-être même lorsque l'intérieur est en ébullition. Cependant, il est essentiel de se rappeler que la vulnérabilité n'est pas une faiblesse, mais plutôt un signe de force. Parfois, partager les fardeaux avec les autres peut alléger le poids sur tes épaules. Ouvre-toi à ceux en qui tu as confiance, car l'isolement prolongé peut peser lourd sur l'esprit. Les véritables amis et les êtres chers seront là pour soutenir et comprendre, même lorsque tout semble parfait en surface. Apprends à exprimer tes besoins émotionnels et à demander de l'aide lorsque tu en as besoin. La force réside dans la capacité à reconnaître et à partager les moments difficiles. Tu mérites d'être entouré d'amour et de compréhension, même lorsque tu es confronté à des défis invisibles pour les autres. N'oublie pas que tu n'as pas à traverser ces moments seuls, et que la véritable connexion réside dans le partage des hauts et des bas.

Zakaryae Jilal

“

Une femme forte peut cacher sa peine derrière un sourire, mais les cicatrices sur son cœur témoignent de la résilience qui ne s'efface jamais.

UN INSTANT POUR SOI

”

SAGESSE SOUS-JACENTE

Il est certain que tu es une femme d'une force incroyable, capable de dissimuler tes tourments derrière un sourire éclatant. Toutefois, n'oublie jamais que ta vulnérabilité n'est pas une faiblesse, mais une preuve supplémentaire de ta force intérieure. Tes cicatrices, bien qu'invisibles aux yeux du monde, sont les témoins silencieux de la bataille que tu as menée et remportée. Prends le temps nécessaire pour soigner ces blessures, accorde-toi de la compassion et de la bienveillance. Autorise-toi à ressentir et à exprimer tes émotions, car c'est ainsi que tu renforces ton pouvoir intérieur. Cherche le soutien de ceux qui comprennent la profondeur de ton courage, car partager tes fardeaux peut alléger le poids sur tes épaules. Garde en mémoire que ta résilience est une source d'inspiration pour ceux qui t'entourent, et ta capacité à sourire malgré les épreuves est une lumière qui illumine le chemin de nombreux autres. Continue d'avancer avec la certitude que chaque pas que tu fais vers la guérison et l'épanouissement renforce davantage la femme exceptionnelle que tu es.

“

N'oublie jamais que tu n'as pas le contrôle sur tes sentiments, et n'aie jamais à t'excuser pour cela

UN INSTANT POUR SOI ”

SAGESSE SOUS-JACENTE

Au cœur de ton être, se dévoilent des sentiers intérieurs souvent insaisissables. Souviens-toi, cher ami, que tes émotions sont des voyageurs capricieux, se faufilant à travers les recoins les plus secrets de ton être. Accepte-les avec une bienveillance inconditionnelle, car les vagues de sentiments sont des expressions naturelles de ta propre humanité. Nul besoin de t'excuser pour la richesse complexe qui habite en toi, car chaque émotion est une nuance précieuse de l'œuvre d'art inachevée qui est ta vie.

Dans les méandres de l'existence, il est essentiel de te rappeler que tes sentiments sont une boussole intérieure, un guide authentique qui te parle dans le langage subtil de l'âme. Ne cherche pas à contenir l'incontrôlable, mais plutôt à comprendre le message qu'il porte. Laisse les émotions te traverser comme le vent qui caresse le visage d'une montagne, laissant derrière lui une empreinte fugace mais significative.

Les émotions, telles des vagues qui viennent et repartent, ne définissent pas ton essence. Elles sont des invitées temporelles dans le théâtre de ton être. Accueille-les, observe-les, puis laisse-les poursuivre leur voyage. Dans cette danse intime avec tes propres sentiments, trouve la paix qui réside dans l'acceptation inconditionnelle de toi-même. N'oublie jamais que tu es un être en constante évolution, et chaque émotion, qu'elle soit douce ou tumultueuse, est une pierre précieuse qui contribue à la mosaïque unique de ta vie.

Zakaryae Jilal

RESPECT AUTHENTIQUE

“

Plus je mûris, moins j'éprouve le désir de m'entourer de compagnie

UN INSTANT POUR SOI ”

SAGESSE SOUS-JACENTE

À mesure que le temps passe, il est naturel de ressentir un changement dans nos besoins sociaux. La maturité apporte souvent une compréhension plus profonde de soi-même, et cela peut influencer nos préférences en matière de compagnie. Ne te sens pas obligé de maintenir un cercle social vaste si tu ne le désires pas. La qualité prime sur la quantité, et il est parfois plus épanouissant de s'entourer de quelques relations significatives plutôt que d'une multitude de connaissances superficielles. Prends le temps de découvrir les types de relations qui nourrissent ton bien-être émotionnel. L'indépendance émotionnelle est une force, et se sentir bien seul est un signe de confiance en soi et de contentement. N'aie pas peur de prioriser la solitude constructive, car c'est dans ces moments que l'on peut vraiment se connecter avec soi-même. Écoute ton intuition et permets-toi de cultiver des relations qui ajoutent de la valeur à ta vie plutôt que de simplement la remplir. La maturité t'offre la liberté de choisir tes compagnons de route, alors choisis avec sagesse et entoure-toi de ceux qui comprennent et respectent ta nécessité de solitude.

Zakaryae Jilal

MYSTÈRE DISCRET

"

Garde une part de mystère, tout le monde ne doit pas tout connaître de toi. La discrétion est une force silencieuse

UN INSTANT POUR SOI "

SAGESSE SOUS-JACENTE

La discrétion est une force silencieuse" nous invite à garder une part de nous-mêmes secrète, à ne pas tout dévoiler aux autres.

Il y a plusieurs raisons à cela. Tout d'abord, cela permet de préserver notre intimité. Nous avons tous des secrets, des choses que nous ne voulons pas partager avec tout le monde. Cela peut être des choses personnelles, comme nos relations intimes, nos croyances religieuses ou nos opinions politiques. Cela peut aussi être des choses plus triviales, comme nos goûts musicaux ou nos habitudes alimentaires.

Deuxièmement, garder une part de mystère nous rend plus intéressants. Les gens sont naturellement attirés par ce qu'ils ne connaissent pas. Si nous sommes trop transparents, nous perdons de notre aura de mystère.

Troisièmement, la discrétion est une force silencieuse. Elle nous permet de contrôler l'image que nous renvoyons aux autres. Si nous sommes trop bavards, nous risquons de nous exposer et de nous rendre vulnérables. La discrétion, en revanche, nous permet de garder le contrôle et de nous protéger.

Zakaryae Jilal

CHEMIN CHOIX

“

Il y a des route à prendre et des gens à laisser au bord de la route

UN INSTANT POUR SOI ”

SAGESSE SOUS-JACENTE

Dans ce voyage, il y a des rencontres, des gens qui marchent à nos côtés pendant un certain temps. Cependant, tout comme les chemins, il peut y avoir des personnes que nous devons laisser au bord de la route. Ce ne sont pas nécessairement des adieux définitifs, mais parfois des mises à distance nécessaires pour notre propre croissance et bien-être.

Il est difficile de reconnaître quand il est temps de prendre une autre route, quand il est temps de laisser certaines personnes derrière nous. Mais parfois, cela devient essentiel pour préserver notre énergie, notre paix intérieure, et poursuivre notre propre chemin vers l'épanouissement.

Sois à l'écoute de toi-même. Si une relation te tire vers le bas plutôt que de te soutenir, si elle ne contribue pas à ta croissance personnelle, il peut être nécessaire de prendre du recul. Choisis les routes qui te mèneront vers une vie plus épanouissante, entourée de personnes qui nourrissent ton bonheur et ta réussite personnelle

Zakaryae Jilal

PRÉVENANCE PRÉALABLE

“

Les efforts, on les fait avant de perdre quelqu’un ... pas après

UN INSTANT POUR SOI ”

SAGESSE SOUS-JACENTE

La vie nous offre souvent des leçons précieuses, et celle-ci est particulièrement significative. Investir du temps et de l'énergie dans une relation avant qu'elle ne s'effrite est essentiel. Les efforts ne devraient pas être une réponse réactive à une perte, mais plutôt une initiative proactive pour nourrir et renforcer les liens existants. Prends conscience de la valeur des moments présents, et n'attends pas que le lien se fragilise pour agir. Les petites actions régulières, la communication ouverte et l'appréciation constante sont les fondements d'une relation durable. Ne sous-estime pas l'impact positif que des gestes d'affection et d'attention peuvent avoir. La prévention est souvent plus puissante que la guérison. Si quelque chose te tient à cœur, investis dedans aujourd'hui. Cela peut être des relations familiales, amicales ou amoureuses. Apprends à cultiver et à nourrir constamment les liens qui comptent pour toi. En agissant avec intention dès le début, tu contribues à tisser des connexions solides qui résistent aux défis du temps. Se souvenir que l'amour et l'attention sont des investissements qui, lorsqu'ils sont faits de manière précoce, peuvent récolter des récompenses durables.

Zakaryae Jilal

HARMONIE INTEMPORELLE

“

Il n'y a ni trop tôt ni trop tard dans la vie d'une femme. Chaque moment est parfaitement orchestré, une symphonie unique qui se dévoile au rythme exact de son parcours

UN INSTANT POUR SOI ”

SAGESSE SOUS-JACENTE

Chaque instant est une note précieuse, une partie essentielle de l'œuvre musicale de notre existence. Parfois, dans la frénésie de la vie quotidienne, nous pouvons être tentés de comparer notre parcours à celui des autres, de fixer des échéances artificielles. Mais cette pensée nous rappelle que notre vie suit son propre tempo, une progression unique qui se dévoile selon le rythme précis de notre parcours.

Il est facile de ressentir la pression du temps, de se demander si nous avons atteint certains jalons à un âge particulier. Cependant, cette phrase nous encourage à embrasser chaque moment, qu'il soit rempli de réalisations éclatantes ou de découvertes tardives. Chaque étape est une pièce essentielle de notre symphonie personnelle.

Alors, vis ta vie avec confiance, en savourant chaque note de ta symphonie personnelle, car c'est là que réside la véritable beauté de l'existence.

Zakaryae Jilal

“

Il vaut mieux te marier tard avec la bonne personne que te marier tôt avec n’importe qui

UN INSTANT POUR SOI ”

SAGESSE SOUS-JACENTE

Choisir un partenaire de vie est l'une des décisions les plus cruciales que tu prendras. Plutôt que de te précipiter dans une union simplement pour répondre à des attentes sociales ou familiales, accorde-toi le temps nécessaire pour découvrir la bonne personne. Le mariage est une alliance qui transcende le temps, et il vaut mieux attendre et construire une fondation solide avec quelqu'un qui partage tes valeurs, ta vision et ta compréhension du monde. La qualité de la relation est bien plus importante que la rapidité avec laquelle elle est établie. Prends le temps de te connaître toi-même et de comprendre tes besoins et désirs avant de partager ta vie avec quelqu'un d'autre. La patience est la clé, car elle te permet de faire des choix éclairés et d'éviter des regrets potentiels. Ne laisse pas la pression sociale dicter tes décisions matrimoniales, mais plutôt la conviction intérieure que tu as trouvé la bonne personne avec laquelle construire un avenir solide. En choisissant de te marier tard avec la bonne personne, tu investis dans la qualité et la durabilité plutôt que dans la précipitation. Souviens-toi que l'amour et la connexion authentique sont des fondations essentielles pour un mariage épanouissant.

Zakaryae Jilal

LIBERTÉ INTÉRIEURE

“

Fais ce qui te comble de joie, sans te soucier des regards et des attentes des autres. Tu as qu'une unique vie, et le pouvoir de décider comment en tirer le meilleur parti t'appartient

UN INSTANT POUR SOI ”

SAGESSE SOUS-JACENTE

Au cœur de ton existence, permets à la mélodie de la joie de guider tes pas. Libère-toi des chaînes des regards scrutateurs et des attentes qui peuvent peser sur tes épaules. Ta vie est une toile vierge, prête à être peinte par les pinceaux de tes choix et de tes passions. N'oublie pas que dans cette épopée singulière, tu es le narrateur, le compositeur de la symphonie de ton propre bonheur.
Chaque instant est une page blanche qui attend d'être écrite par la plume de tes actions authentiques. Laisse-toi guider par l'élan naturel de ce qui éveille en toi une joie sincère. Les regards extérieurs et les attentes des autres ne devraient pas dicter la trajectoire de ta vie. Le pouvoir de donner un sens profond à ton unique existence réside dans la manière dont tu choisis de tisser les fils de tes expériences, sans craindre le jugement des autres.
Rappelle-toi, dans la danse complexe de la vie, que l'essence de ta joie repose dans la connexion intime avec ce qui te fait vibrer. Sois l'architecte de ta propre félicité, car tu possèdes le trésor infini du libre arbitre. Que chaque choix soit un pas vers la réalisation de ton plein potentiel, une célébration de cette aventure extraordinaire que représente ta vie.

Zakaryae Jilal

“

La femme sensible donne souvent aux autres ce qu'elle aurait besoin pour elle-même.

UN INSTANT POUR SOI ”

SAGESSE SOUS-JACENTE

Les femmes sensibles sont souvent des personnes altruistes et attentionnées. Elles sont toujours prêtes à aider les autres, même si cela signifie faire des sacrifices pour elles-mêmes.

Cela peut se manifester de différentes manières. Par exemple, une femme sensible peut se sentir obligée de prendre soin de tout le monde autour d'elle, même si elle est elle-même épuisée. Elle peut également avoir du mal à dire non à ceux qui lui demandent de l'aide, même si cela signifie renoncer à ses propres besoins.

Dans notre vie quotidienne, cela peut avoir des conséquences négatives. Par exemple, une femme sensible peut se sentir épuisée, frustrée ou même exploitée. Elle peut également avoir du mal à prendre soin d'elle-même et à atteindre ses propres objectifs.

C'est important de comprendre que ce n'est pas un défaut d'être une femme sensible. Au contraire, c'est une qualité précieuse. Cependant, il est important de trouver un équilibre entre le fait de donner aux autres et le fait de prendre soin de soi.

PLÉNITUDE IMMÉDIATE

“

N'attends pas d'avoir tout pour profiter de la vie. Tu as déjà la vie pour profiter de tout

UN INSTANT POUR SOI ”

SAGESSE SOUS-JACENTE

Il est facile de tomber dans le piège de la procrastination en attendant que toutes les conditions idéales soient réunies pour commencer à profiter de la vie. Cependant, il est essentiel de réaliser que le temps est précieux et que la vie se déroule ici et maintenant. Ne reporte pas ton bonheur à un futur hypothétique où tout serait parfait. Accepte et apprécie ce que tu as déjà, même si ce n'est pas tout ce que tu désires. Il y a une beauté dans l'imperfection et dans l'instant présent. La vie est une série de moments, et chaque instant compte. Apprends à savourer les petites joies quotidiennes et à trouver le bonheur dans les moments simples. Ne laisse pas l'attente du "tout" te priver de l'expérience du "maintenant". Prends le temps de découvrir et d'apprécier les aspects positifs de ta vie actuelle, et utilise chaque jour comme une opportunité de croissance et d'épanouissement. Se libérer de l'attente constante permet une vie plus riche, plus significative et plus gratifiante. Souviens-toi que le bonheur n'est pas une destination, mais plutôt un voyage continu qui se construit à travers la gratitude pour ce que tu as et l'ouverture aux opportunités présentes.

Zakaryae Jilal

ÉPANOUIS-TOI LIBREMENT

“

Vis la vie, oublie ton âge et fais ce qui te plaît à toi, pas ce qui plaît aux autres

UN INSTANT POUR SOI ”

SAGESSE SOUS-JACENTE

La vie est une aventure personnelle, et chaque jour est une page blanche que tu as le pouvoir de remplir avec tes propres choix et expériences. Oublie les attentes extérieures et concentre-toi sur ce qui te passionne réellement. Ne laisse pas les normes sociales dicter ton bonheur. Suis ta voie, même si elle semble différente de celle des autres. Ton authenticité est ta plus grande force. N'aie pas peur de sortir des sentiers battus et de suivre tes rêves, même s'ils semblent audacieux. La vraie beauté de la vie réside dans la diversité de nos expériences et de nos parcours. Alors, embrasse chaque instant, apprends des challenges, et surtout, ne laisse personne te dicter comment vivre ta vie. Fais de chaque jour une célébration de toi-même et de tes choix uniques.

NOUVEAU CHAPITRE

“

Une rupture n'est pas la fin de ton histoire, mais le début d'un nouveau chapitre

UN INSTANT POUR SOI ”

SAGESSE SOUS-JACENTE

La douleur d'une rupture peut être déchirante, mais il est crucial de comprendre que c'est le début d'une nouvelle phase dans ta vie. Plutôt que de voir la fin d'une relation comme la fin de ton histoire, considère-la comme une opportunité de redéfinir et de réinventer qui tu es. Les ruptures offrent une occasion de croissance personnelle, de découverte de soi et de transformation. Permets-toi de ressentir toutes les émotions qui accompagnent cette transition, mais garde à l'esprit que chaque fin ouvre la porte à de nouvelles opportunités. Utilise ce moment pour te concentrer sur tes propres besoins, aspirations et passions. Investis dans la construction d'une relation solide avec toi-même. Prends le temps de guérir et de te redécouvrir. La vie est une série de chapitres, et celui-ci marque le début d'une histoire qui t'appartient entièrement. Apprends des expériences passées, mais n'oublie pas de regarder vers l'avenir avec espoir et optimisme. Tu as la capacité de façonner ta propre histoire, et cette rupture n'est qu'un chapitre parmi tant d'autres qui contribueront à la richesse de ton récit de vie.

Zakaryae Jilal

GARDE TES ARRIÈRES

“

Méfie-toi des gens qui disent du mal des autres. Ils disent autant de toi quand tu as le dos tourné

UN INSTANT POUR SOI ”

SAGESSE SOUS-JACENTE

La façon dont les autres parlent des gens en ton absence peut être révélatrice de leur caractère et de leurs intentions. Méfie-toi de ceux qui répandent la médisance, car cela pourrait être un indicateur de leur propension à la négativité. Lorsqu'ils parlent négativement des autres, il est probable qu'ils aient une attitude similaire à ton égard en ton absence. Les paroles ont un pouvoir puissant, et ceux qui sont prompts à critiquer peuvent également être prompts à juger sans connaissance approfondie. Prends du recul et évalue l'authenticité de ces individus dans ta vie. Privilégie des relations fondées sur la positivité, l'empathie et le respect. Lorsque quelqu'un te parle en mal d'autrui, considère cela comme une opportunité de mieux comprendre sa nature. Cherche à t'entourer de personnes qui parlent avec bienveillance des autres, car cela reflète souvent leur capacité à cultiver des relations saines. En restant conscient de ces signaux, tu peux choisir des compagnons de vie qui contribuent à une atmosphère positive et à des relations épanouissantes.

NOUVEAU DÉPART

“

Ne commence pas ta journée avec les soucis d’hier

UN INSTANT POUR SOI ”

SAGESSE SOUS-JACENTE

Chaque jour est une page blanche qui t'offre l'opportunité de débuter de nouveau. Évite de laisser les soucis d'hier ternir le potentiel d'aujourd'hui. En te libérant du poids des préoccupations passées, tu ouvres la porte à de nouvelles possibilités. Apprends à embrasser chaque matin comme une occasion de croissance, de positivité et de renouveau. Laisse les erreurs et les difficultés d'hier être des leçons plutôt que des fardeaux. Cultive une attitude de gratitude envers les opportunités qui se présentent à toi chaque jour. En te concentrant sur le présent, tu investis dans la création d'un futur plus épanouissant. Prends le temps de t'accorder des moments de calme et de réflexion pour te recentrer sur tes objectifs et aspirations. Laisser aller les soucis du passé te permet de respirer plus librement et de naviguer plus aisément dans les défis à venir. Chaque jour est une chance de réécrire l'histoire de ta vie, alors commence avec une mentalité fraîche et la certitude que tu as le pouvoir de façonner positivement chaque instant. En embrassant le nouveau jour avec optimisme, tu découvriras une énergie renouvelée pour affronter les défis et apprécier les joies qui se présentent à toi.

Zakaryae Jilal

RISQUE RÉFLÉCHI

"

La décision que tu redoutes de prendre pourrait être celle qui va changer ta vie

UN INSTANT POUR SOI "

SAGESSE SOUS-JACENTE

Prendre une décision importante peut être intimidant, surtout lorsqu'on anticipe les changements qu'elle pourrait entraîner. Cependant, il est essentiel de se rappeler que parfois, le chemin vers le progrès et le bonheur commence par des choix courageux. La peur de l'inconnu peut créer des barrières, mais elle peut également cacher des opportunités extraordinaires. Considère la possibilité que cette décision redoutée soit le point de départ d'une nouvelle aventure pleine de croissance personnelle et de réalisations. Souvent, les moments les plus gratifiants de la vie surviennent lorsque l'on surmonte ses peurs et que l'on embrasse le changement. Ose écouter ton intuition, car elle peut être ton guide vers un avenir plus épanouissant. Les choix audacieux sont souvent ceux qui apportent les plus grandes récompenses, alors ne sous-estime pas le potentiel de transformation que peut avoir cette décision que tu redoutes. En fin de compte, c'est peut-être le moment de franchir ce pas et de permettre à de nouvelles opportunités de fleurir dans ta vie.

Zakaryae Jilal

BELLE ÂME

“

Quand tu es une femme bienveillante, ce ne sont pas les autres qui te perdent, mais eux-mêmes qui perdent une belle âme

UN INSTANT POUR SOI ”

SAGESSE SOUS-JACENTE

C'est évident que ta nature bienveillante est une qualité rare et précieuse. Lorsque tu offres ta gentillesse, tu dévoiles une beauté intérieure qui illumine non seulement ton monde, mais également celui des autres. Bien que tu puisses parfois ressentir des déceptions lorsque cette bonté n'est pas pleinement reconnue, il est crucial de te rappeler que ceux qui ne savent pas apprécier ta nature généreuse perdent bien plus que toi. Lorsque les autres ne reconnaissent pas la lumière que tu apportes, cela ne diminue en rien ta valeur. Continue d'être la belle âme que tu es, car le monde a besoin de plus de douceur et d'amour. Ne te laisse pas décourager par ceux qui ne peuvent pas voir la beauté évidente que tu portes en toi. Sois fière de ta bienveillance, car elle est une force qui transforme positivement tout ce qu'elle touche.

Zakaryae Jilal

SILENCE ÉLOQUENT

“

Souvent, on garde le silence parce que beaucoup ne peuvent pas comprendre, et d’autres ne méritent pas de savoir

UN INSTANT POUR SOI ”

SAGESSE SOUS-JACENTE

Il y a une sagesse puissante dans le choix du silence. Parfois, les batailles que nous traversons sont si intimes, si complexes, que les mots ne peuvent les exprimer pleinement. Le silence devient alors un refuge, une manière de protéger la fragilité de nos émotions. C'est un acte d'autoprotection, une décision consciente de ne pas partager avec ceux qui pourraient ne pas comprendre ou ne pas mériter d'entrer dans la profondeur de notre expérience. Garde en toi ces moments de silence sacré, car ils sont un témoignage de ta force intérieure. Choisis judicieusement à qui tu ouvres ton cœur, car tout le monde ne peut pas comprendre la complexité de ton vécu. C'est une forme de préservation personnelle, un moyen de protéger ton énergie des influences négatives. Ne te sens pas obligé de tout expliquer à tout le monde. Laisse le silence être un allié, un espace où tu peux te retrouver et te guérir sans le poids du jugement extérieur. En faisant preuve de discernement dans tes partages, tu préserveras l'authenticité de ton expérience et te connecteras avec ceux qui sont véritablement capables de comprendre la profondeur de ton silence.

Zakaryae Jilal

"

Quand les personnes toxiques partent de ta vie, c'est le signal que de bonnes choses commencent à se manifester

UN INSTANT POUR SOI

"

SAGESSE SOUS-JACENTE

Lorsque les personnes toxiques quittent ta vie, considère cela comme un acte libérateur, une opportunité pour de nouvelles énergies positives de s'installer. C'est le signal qu'un espace se crée pour accueillir des choses merveilleuses et des connexions authentiques. Laisser aller ce qui ne te sert plus libère non seulement de l'espace physique, mais aussi de l'espace émotionnel et mental. Les personnes toxiques peuvent drainer ton énergie et nuire à ton bien-être. Avec leur départ, tu peux te concentrer sur la croissance personnelle et les relations saines. Accepte cette période comme une chance de te recentrer sur toi-même, de cultiver la positivité et de t'entourer de personnes qui nourrissent ton épanouissement. Ne regrette pas ces départs, mais célèbre-les comme des opportunités de réaligner ta vie sur un chemin plus enrichissant. Reste ouvert aux nouvelles rencontres et expériences qui s'offrent à toi. Souviens-toi que tu mérites des relations qui t'apportent du bonheur, de la croissance et de l'épanouissement. Avec chaque départ, tu te rapproches davantage de l'authenticité et de la plénitude dans ta vie.

Zakaryae Jilal

SINCÉRITÉ AUTHENTIQUE

❝

La véritable beauté réside non pas dans les paroles flatteuses ou les apparences, mais dans l'intention sincère et pure du cœur

UN INSTANT POUR SOI ❞

SAGESSE SOUS-JACENTE

Regarde au-delà des paroles flatteuses et des apparences éphémères, car la véritable beauté se trouve dans l'intention sincère et pure du cœur. Les gestes désintéressés, les actes de gentillesse et les intentions bienveillantes sont les éléments qui distillent une beauté véritable et durable. Ne te laisse pas séduire par les surfaces brillantes, mais cherche plutôt la profondeur des intentions derrière chaque action. Cultive une beauté intérieure qui transcende les normes superficielles, car c'est elle qui rayonne à travers le temps. Permets à ton cœur d'être le guide de tes actions, car c'est là que résident les véritables trésors de la beauté. Que chacun de tes gestes soit empreint d'une générosité authentique, car c'est dans cette générosité que réside la beauté qui crée des liens et élève les âmes. Alors, que ta beauté intérieure irradie, créant un impact positif et durant bien au-delà des apparences éphémères. La véritable beauté est une lumière intérieure qui éclaire le monde, une beauté façonnée par la bonté, la compassion et la véritable intention du cœur.

Zakaryae Jilal

REGARDE EN AVANT

"

Sans regret, embrasse ton passé, vis le présent avec confiance, et aborde l'avenir sans crainte

UN INSTANT POUR SOI "

SAGESSE SOUS-JACENTE

Ton passé est une toile riche en expériences, en leçons et en moments qui t'ont sculpté. Plutôt que de le regarder avec des regrets, embrasse-le comme une partie inestimable de ton parcours. Chaque erreur, chaque triomphe, a contribué à te forger. Vis le présent avec une confiance nourrie par la sagesse acquise. C'est le terrain sur lequel tu peux mettre en pratique les enseignements de ton passé. Sois présent dans chaque instant, absorbe la beauté des petits détails et trouve la joie dans les petites victoires quotidiennes. L'avenir est une toile vierge qui attend tes coups de pinceau. Aborde-le sans crainte, car chaque choix que tu fais aujourd'hui façonne le tableau de demain. Cultive une vision positive, mais reste ouvert aux ajustements. La vie est une aventure fluide, et chaque tournant apporte de nouvelles opportunités. Crois en ta capacité à surmonter les défis à venir, car tu as déjà prouvé ta résilience par le passé. En embrassant ton passé sans regret, en vivant le présent avec confiance, tu érigeras un futur qui reflète la force, la croissance et la plénitude que tu portes en toi.

Zakaryae Jilal

RECOMMENCE, CRÉE

“

Rappelle-toi que chaque jour est une chance de recommencer et de créer une vie qui te ressemble.

UN INSTANT POUR SOI ”

SAGESSE SOUS-JACENTE

Chaque aube marque une page blanche dans le livre de ta vie, une opportunité d'écrire un nouveau chapitre. Rappelle-toi que chaque jour est une chance de recommencer, de jeter les bases d'une existence qui reflète véritablement qui tu es et ce que tu désires. Utilise ces 24 heures comme une toile sur laquelle tu peux peindre tes aspirations et tes rêves. Ne sois pas prisonnier des erreurs d'hier, mais plutôt architecte de ton avenir. Chaque lever de soleil symbolise une renaissance, une invitation à la croissance personnelle et à la création de la vie que tu imagines. Prends le contrôle de tes choix, élimine ce qui ne te sert plus, et construis activement une réalité qui te satisfait. La vie est un processus continu d'évolution, et chaque journée offre une opportunité de transformation positive. N'oublie pas que tu es le capitaine de ton destin, et chaque matin, tu as le pouvoir de diriger ton navire vers les horizons que tu désires atteindre. En te rappelant cette vérité, tu te donnes la liberté de modeler une vie pleine de sens, de bonheur et d'accomplissement.

Zakaryae Jilal

RECTIFIE, CONSTRUIS

“

Tu ne peux pas changer le passé, mais tu as le pouvoir de rectifier le présent pour construire un futur épanoui

UN INSTANT POUR SOI ”

SAGESSE SOUS-JACENTE

À mesure que le temps déroule son ruban infini, garde à l'esprit que le passé demeure un territoire irréversible. Cependant, dans le tissu du présent, réside le potentiel infini de la transformation. Les choix que tu fais aujourd'hui sont les graines qui germeront en un futur qui t'appartient. Ne te laisse pas enchaîner par les regrets du hier, mais plutôt, puise dans le présent le courage de sculpter une réalité qui résonne avec la mélodie de tes aspirations les plus profondes.

Chaque instant que tu vis est une opportunité d'édifier un pont vers un avenir plus radieux. Sache que la vie, telle une œuvre d'art en constante évolution, te donne le pinceau de la création. Laisse tes actions être guidées par la clarté de tes valeurs et la vision d'un futur qui incarne l'épanouissement. En cultivant la sagesse du présent, tu t'ouvres à la possibilité d'écrire une nouvelle histoire, empreinte de résilience et d'aspirations renouvelées.

Les erreurs et les épreuves du passé ne définissent pas le chemin à venir, mais servent plutôt de phares pour illuminer la route vers une existence plus enrichissante. En concentrant ton énergie sur les choix et les actions que tu peux poser aujourd'hui, tu deviens l'architecte de ta destinée. Alors, avec chaque battement de cœur, écris une symphonie de renouveau, faisant de chaque moment un pas vers la construction d'un futur empreint de satisfaction et de bonheur.

Zakaryae Jilal

DON PRÉCIEUX.

“

Je lui ai donné le meilleur de moi-même, mon temps et mon amour, les deux plus grands trésors de ma vie

UN INSTANT POUR SOI ”

SAGESSE SOUS-JACENTE

Dans l'acte généreux de partager le meilleur de toi-même, ton temps et ton amour deviennent les joyaux précieux de ton existence. Considère cette offrande comme un acte sacré, un témoignage vibrant de la beauté qui réside en toi. Bien que le destin puisse influencer la réception de ce don, sache que le véritable trésor réside dans l'acte de donner lui-même.
Que cette expérience ne soit pas perçue comme une perte, mais plutôt comme une contribution inestimable à la symphonie de la vie. Même si les fruits de ton investissement ne se reflètent pas immédiatement dans ton quotidien, crois en la valeur intrinsèque de l'amour et du temps que tu as offerts. Dans chaque acte de générosité, tu tisses un fil invisible qui relie les âmes et transcende le temps.
Que cette offrande devienne une source de fierté et non de regret. La grandeur de donner réside dans l'intention pure du cœur, et ton don est une émanation de cette lumière intérieure. Permets-toi d'évoluer au-delà des attentes, sachant que chaque geste d'amour et de partage tisse un héritage d'une richesse infinie. En continuant à donner avec bienveillance, tu contribues à l'essence même de ce qui rend la vie significative.

Zakaryae Jilal

PRIORITAIRE

“

Une personne qui mérite une place dans ta vie est celle qui te fait toujours sentir que tu es une priorité pas une option

UN INSTANT POUR SOI ”

SAGESSE SOUS-JACENTE

Choisir les bonnes personnes pour partager ton chemin est essentiel. Cherche ceux qui te considèrent comme une priorité, pas simplement une option. Une relation authentique est marquée par l'engagement et le respect mutuel. Lorsque quelqu'un te fait sentir que tu es une priorité dans sa vie, cela crée un lien solide et significatif. Prioriser signifie prendre le temps, l'énergie et l'attention nécessaires pour cultiver et nourrir la relation. Évite ceux qui te considèrent comme une simple option, car cela peut conduire à une dynamique déséquilibrée et à un sentiment de dévalorisation. Investis dans des relations où tu es apprécié pour qui tu es, où ton bien-être compte réellement. La qualité des relations est bien plus importante que la quantité. Entoure-toi de ceux qui valorisent ta présence et qui sont prêts à partager les hauts et les bas de la vie avec toi. En faisant cela, tu construis un cercle de relations solides et épanouissantes. Souviens-toi que tu mérites d'être une priorité dans la vie de ceux qui comptent vraiment.

Zakaryae Jilal

“

Et puis un jour on s’en fout et ça fait du bien

UN INSTANT POUR SOI ”

SAGESSE SOUS-JACENTE

Il y a une puissante libération dans le moment où tu réalises que tu n'as plus besoin de te soucier de choses qui ne contribuent pas à ton bonheur. Ce jour où tu laisses aller le poids des attentes, des jugements et des préoccupations inutiles, c'est le jour où la légèreté entre dans ta vie. Accorde-toi la liberté de ne pas porter le fardeau des opinions des autres et des normes sociales. La véritable tranquillité d'esprit réside dans le fait de comprendre que tu es le gardien de ta propre paix intérieure. Choisis consciemment de te libérer des chaînes invisibles du passé et des préoccupations futiles. Accepte que tout ne puisse pas être parfait, mais que c'est parfaitement bien ainsi. Cultive un esprit résilient qui peut s'adapter aux circonstances sans s'y accrocher émotionnellement. Ce moment où tu te fiches des choses futiles est le moment où tu reprends le contrôle de ta vie et de ta joie. Permets-toi d'aller de l'avant sans encombre, avec la légèreté d'un cœur qui sait que la véritable richesse réside dans le contentement et l'acceptation.

Zakaryae Jilal

SILENCE ESSENTIEL

“

Le silence est la meilleure réponse à donner à quelqu’un qui n’accorde pas d’importance à vos mots

UN INSTANT POUR SOI

”

SAGESSE SOUS-JACENTE

Parfois, la puissance du silence surpasse celle des mots. Face à ceux qui ne prêtent pas attention à ce que tu dis, le silence devient un acte de préservation de ton énergie et de ton intégrité. N'oublie pas que ta voix mérite d'être entendue par ceux qui comprennent la valeur de tes paroles. En choisissant de ne pas répliquer au désintérêt avec des paroles inutiles, tu t'épargnes de l'agitation émotionnelle. Laisse le silence parler pour toi, car il peut souvent révéler plus de vérité que des mots prononcés en vain. Ne te sens pas obligé de convaincre ceux qui refusent de comprendre. La qualité de ton message est plus importante que la quantité de mots que tu utilises. En embrassant le silence, tu affiches une confiance en toi qui en dit long sur ta force intérieure. Laisse les autres interpréter le silence à leur manière, tandis que tu te préserves avec une dignité silencieuse. Souviens-toi que parfois, la plus grande réponse est le calme résolu qui souligne ton propre respect envers toi-même.

Zakaryae Jilal

AMÉLIORATION VINDICATIVE

“

La meilleure vengeance est de leur montrer que ta vie s’améliore après leur départ

UN INSTANT POUR SOI ”

SAGESSE SOUS-JACENTE

Dans le vaste panorama de la vie, rappelez-vous que la véritable puissance réside dans la manière dont vous façonnez votre propre récit. Lorsque les ombres du passé tentent de vous assombrir, ne cherchez pas à combattre avec la rancune, mais plutôt à illuminer le chemin vers un avenir éclatant. La meilleure réponse à ceux qui ont laissé votre monde est de leur démontrer que chaque pas en avant est une victoire sur l'ombre du passé. Transformez chaque adversité en un tremplin pour votre croissance personnelle et laissez la lumière de votre épanouissement devenir le récit silencieux de votre triomphe.

La vie est une symphonie de renaissances, et dans chaque mouvement, vous avez le pouvoir de composer une mélodie de résilience. Les cicatrices du passé ne sont pas des marques d'infériorité, mais des témoins silencieux de votre force intérieure. Au lieu de nourrir le désir de revanche, investissez votre énergie dans la création d'une vie qui reflète votre valeur intrinsèque. La véritable victoire réside dans la capacité à évoluer au-delà des douleurs passées et à ériger un édifice de bonheur et de succès.

Soyez l'architecte de votre destinée, façonnant chaque choix avec sagesse et intention. Que votre existence devienne une réponse vivante à ceux qui ont choisi de s'éloigner, un écho retentissant de votre capacité à transformer l'adversité en triomphe. En avançant avec grâce et détermination, votre vie devient la plus belle réponse, un chef-d'œuvre vibrant d'épanouissement qui parle bien plus fort que toute vengeance.

Zakaryae Jilal

“

Désolé si je suis resté à l’ancienne époque, celle où la fidélité, la sincérité, la loyauté et la confiance étaient la base d’une relation

UN INSTANT POUR SOI **”**

SAGESSE SOUS-JACENTE

Il n'y a rien à pardonner pour avoir choisi de rester ancré dans des valeurs fondamentales comme la fidélité, la sincérité, la loyauté et la confiance. Ces piliers intemporels sont la base solide sur laquelle des relations saines se construisent. Dans un monde en constante évolution, maintenir ces principes n'est pas une régression, mais plutôt un choix conscient de préserver l'essence même de ce qui rend les relations authentiques et durables. Garder ces valeurs signifie que tu as une vision profonde de ce que tu mérites et de ce que tu es prêt à offrir. Ne te laisse pas influencer par les tendances éphémères qui peuvent éroder la qualité des liens humains. Au contraire, sois fier de ton attachement à des normes qui transcendent le temps. Les relations basées sur ces valeurs ont un potentiel de croissance et de bonheur plus durable. Continue à incarner ces principes, car ils sont le fondement d'une connexion profonde et émotionnellement enrichissante. Se maintenir dans cette "ancienne époque" témoigne d'une force intérieure qui résiste aux changements superflus pour privilégier la véritable essence des liens humains.

Zakaryae Jilal

“

La meilleure leçon que tu peux apprendre dans la vie, c’est de garder le silence là où tout le monde attend ta colère

UN INSTANT POUR SOI ”

SAGESSE SOUS-JACENTE

la sagesse réside dans la maîtrise du silence, une leçon qui transcende le brouhaha des émotions impulsives. Parfois, la plus grande force réside dans la retenue, dans la capacité à garder le silence là où les vagues de colère menacent de submerger tout sur leur passage. L'art du silence n'est pas une faiblesse, mais une marque d'intelligence émotionnelle, une démonstration de la maîtrise de soi face aux tempêtes de la vie.

En retenant ta colère, tu transformes la force destructive en une énergie calme et réfléchie. Tu deviens le gardien de ta propre paix intérieure, refusant de laisser les provocations extérieures empoisonner la quiétude de ton être. Choisir le silence là où l'on attend une réaction explosive est un acte de puissance personnelle, une affirmation de ton contrôle sur tes émotions. En embrassant cette leçon, tu libères non seulement toi-même des chaînes de la colère, mais tu offres également aux autres une vision inspirante de la grâce sous le feu de l'adversité.

Dans le silence, tu découvres la force apaisante de la réflexion et la capacité de transcender les discordes momentanées. En canalisant ton énergie vers la compréhension plutôt que vers la confrontation, tu deviens le maître de ton propre destin émotionnel. Le silence, loin d'être une absence, devient un espace fertile où la croissance personnelle s'épanouit. Ainsi, dans la symphonie de la vie, tu deviens la note de calme qui résonne bien au-delà des tempêtes passagères.

Zakaryae Jilal

“

Une relation qui vaut la peine est celle qui rend notre vie meilleure, pas plus compliquée

UN INSTANT POUR SOI ”

SAGESSE SOUS-JACENTE

Au cœur des relations humaines, sache que la véritable richesse réside dans les liens qui, au lieu de compliquer, enrichissent et élèvent notre existence. Cherche des connexions qui agissent comme des sources de lumière, qui apportent la paix et l'épanouissement plutôt que la confusion et la discorde. Lorsque tu investis ton énergie dans des relations qui te nourrissent sur le plan émotionnel et spirituel, tu t'ouvres à une réalité où la qualité transcende la quantité.

Une relation qui vaut la peine est une alliance où l'amour, le respect et la croissance mutuelle sont les piliers. Évite les complications qui peuvent obscurcir la simplicité d'une connexion authentique. Choisis des compagnons de voyage dont la présence apporte une valeur tangible à ton existence, ceux qui t'encouragent à devenir la meilleure version de toi-même. Une relation qui contribue à ton épanouissement est un trésor qui, au fil du temps, se bonifie comme un vin précieux.

Dans la danse délicate des relations, cultive l'art de la sélection consciente. Garde en toi la clarté d'esprit pour reconnaître quand une relation devient un fardeau plutôt qu'un refuge. Les relations qui valent la peine sont celles qui, telles des ailes solides, te permettent de t'élever vers des horizons nouveaux. Sois le gardien de ton bien-être émotionnel, et que chaque lien que tu tisses soit une ode à la beauté de la simplicité, à la douce harmonie qui rend la vie plus riche et plus significative.

Zakaryae Jilal

ESSAIE, QUITTE

“

Ne quitte pas parce que quelque chose s’est mal passé, quitte parce que tu as tout essayé et que rien ne s’améliore

UN INSTANT POUR SOI

”

SAGESSE SOUS-JACENTE

Prendre la décision de mettre fin à une relation est une étape difficile, mais il est important de se rappeler que la valeur d'une connexion ne réside pas simplement dans le fait qu'elle a existé, mais dans la manière dont elle évolue et contribue à ton bien-être. Si tu as épuisé toutes les avenues pour améliorer une situation et que malgré tes efforts rien ne s'améliore, il peut être plus sage de choisir la voie de la séparation. Le maintien d'une relation sans progrès peut entraîner un coût émotionnel et énergétique considérable. Faire preuve de courage pour quitter quelque chose qui ne fonctionne plus est un acte d'auto-préservation et de respect envers toi-même. Permets-toi de reconnaître quand tu as tout donné et que la dynamique ne s'améliore pas. Il y a de la force dans l'acceptation que certaines choses ne sont pas destinées à durer éternellement, et parfois, laisser aller libère de l'espace pour de nouvelles opportunités et une croissance personnelle. La vie est trop précieuse pour être consacrée à des situations qui ne contribuent pas à ton bonheur et à ton épanouissement.

Zakaryae Jilal

AUTONOMIE AMOUREUSE

“

Je suis la seule personne qui peut dicter ma valeur

UN INSTANT POUR SOI ”

SAGESSE SOUS-JACENTE

Absolument, tu es la seule personne architecte de ta propre valeur et estime personnelle. Ne laisse jamais les opinions externes définir ta valeur intrinsèque. L'autocritique constructive est nécessaire, mais n'oublie pas de reconnaître et de célébrer tes propres accomplissements et qualités. Tu es le gardien de ta propre confiance en soi, et il est crucial de te traiter avec bienveillance et respect. Les autres peuvent avoir des opinions, mais cela ne change pas la vérité fondamentale que ta valeur ne dépend que de toi. Prends le temps de te connaître, d'explorer tes passions et de reconnaître la beauté unique qui te caractérise. Lorsque tu te donnes de la valeur, tu envoies un message puissant au monde sur la façon dont tu mérites d'être traité. Sois ton propre allié et défenseur, car tu es la seule personne qui peut véritablement comprendre ta propre histoire et l'étendue de ton potentiel. Embrace ta singularité, car c'est là où réside ta vraie valeur. Tu es une personne précieuse et irremplaçable, et il est essentiel de t'en rappeler chaque jour.

Zakaryae Jilal

AUTO-COMPASSION RÉPARATRICE

"

Je m'offre des excuses pour avoir enduré autrefois ce que je ne méritais pas

UN INSTANT POUR SOI "

SAGESSE SOUS-JACENTE

S'excuser envers soi-même est un acte de courage et de croissance personnelle. Reconnaître que tu as survécu à des expériences que tu ne méritais pas est un premier pas puissant vers l'acceptation et la guérison. Il est essentiel de te pardonner pour avoir toléré des situations qui ne respectaient pas ta valeur et ton bien-être. Ce processus d'auto-réconciliation t'aidera à libérer le fardeau émotionnel du passé. Chaque jour est une nouvelle opportunité de te redécouvrir et de réécrire ton histoire. Sois doux envers toi-même et rappelle-toi que tu mérites d'être traité avec respect, amour et dignité. À travers cette reconnaissance, tu renforces ta résilience et ta capacité à créer une vie qui reflète pleinement ta valeur. N'oublie pas que le pardon envers soi-même est une étape cruciale pour avancer, libérer le poids du passé et embrasser un avenir empreint de compréhension et de compassion envers toi-même. Chaque jour est une chance de t'épanouir davantage et de t'entourer de situations qui honorent ta valeur intérieure.

Zakaryae Jilal

SÉCURITÉ PRÉCIEUSE

“

Partir de chez soi le matin et revenir sain et sauf le soir est un trésor trop souvent sous-estimé

UN INSTANT POUR SOI ”

SAGESSE SOUS-JACENTE

Il est facile d'oublier à quel point le simple fait de quitter la maison le matin et de revenir sain et sauf le soir est un trésor inestimable. Dans notre routine quotidienne, entre les engagements professionnels et personnels, il est essentiel de prendre un moment pour reconnaître la sécurité et la stabilité que cela représente. La vie peut être imprévisible, et chaque journée où l'on rentre chez soi indemne est une bénédiction. Cela devrait être une source de gratitude quotidienne, un rappel de l'importance de la vie et de la chance d'avoir une routine quotidienne stable. Alors que nous poursuivons nos objectifs et nos rêves, il est crucial de ne pas sous-estimer la valeur de la sécurité et de la stabilité dans notre quotidien. Prends le temps de savourer ces moments, car ils sont le fondement même de tout ce que tu entreprends. Protège ce trésor précieux en restant conscient de tes actions et de ton environnement, et en cultivant une appréciation constante pour la sécurité et la tranquillité que tu as la chance de retrouver chez toi chaque soir.

Zakaryae Jilal

APAISEMENT AMOUREUX

> Je ne recherche pas l'amour pour me construire, je le cherche pour m'apaiser, pour trouver un foyer dans un cœur qui comprend le mien
>
> UN INSTANT POUR SOI

SAGESSE SOUS-JACENTE

Chercher l'amour n'est pas une quête de validation ou de construction personnelle, mais plutôt une exploration à la recherche de la paix intérieure et d'un foyer émotionnel. L'amour véritable devrait être un refuge, un endroit où tu te sens compris, accepté et en paix. Il ne devrait pas être une tentative de combler des lacunes en toi, mais plutôt une connexion qui amplifie la plénitude que tu possèdes déjà. En cherchant l'amour pour apaiser ton cœur, tu reconnais la valeur d'une relation qui agit comme un havre de tranquillité au sein de la complexité de la vie. Sache que tu mérites d'être entouré d'une énergie qui t'apaise et qui te ressemble. Chercher cet amour authentique te permet de t'épanouir en toute sérénité, t'encourageant à être la meilleure version de toi-même. N'oublie pas que le véritable amour devrait être une addition à ta vie, un complément qui apaise plutôt qu'un fardeau qui complique. Continue ta quête avec l'intention de trouver cet amour qui enveloppe ton cœur dans une paix réconfortante et qui crée un foyer émotionnel authentique.

Zakaryae Jilal

LIBÉRATION AMOUREUSE

“

Ne te sens jamais coupable de partir quand l'autre te pousse à t'enfuir. L'amour devrait être un refuge, pas une contrainte.

UN INSTANT POUR SOI ”

SAGESSE SOUS-JACENTE

Il est essentiel de te rappeler que tu n'as pas à te sentir coupable de prendre la décision de partir lorsque l'amour devient plus une contrainte qu'un refuge. Les relations devraient être des espaces où tu te sens en sécurité, soutenu et épanoui. Si la dynamique devient toxique ou si tu te sens forcé de t'enfuir, c'est un signal clair que quelque chose ne va pas. Ton bien-être émotionnel et mental est prioritaire, et tu as le droit de choisir des relations qui t'apportent du bonheur plutôt que du stress. Se libérer d'une situation qui te pousse à t'enfuir est un acte de courage et d'autoprotection. Rappelle-toi que l'amour authentique n'est pas synonyme de sacrifices constants, mais plutôt d'un partenariat équilibré qui te fait grandir et t'épanouir. Ne permets à personne de te faire sentir que tu es obligé de rester dans une relation qui te nuit. Choisis plutôt de t'éloigner vers des horizons où tu peux retrouver la paix et la plénitude. La véritable force réside dans la capacité à reconnaître quand il est temps de partir pour préserver ta santé émotionnelle.

Zakaryae Jilal

GUÉRISON SOLITAIRE

“

Je m'excuse si je parais distante, mais je guéris mieux au creux de ma solitude. C'est là que je me retrouve, me renouvelle, et reviens plus forte que jamais

UN INSTANT POUR SOI ”

SAGESSE SOUS-JACENTE

Il n'y a aucune nécessité de t'excuser pour ta quête de solitude, car c'est un voyage essentiel vers la guérison et la résilience. Parfois, le besoin de s'éloigner est un signe de sagesse intérieure, une compréhension profonde de soi qui permet la reconnexion avec son essence. La solitude n'est pas synonyme d'isolement, mais plutôt un espace fertile où la croissance personnelle peut s'épanouir. C'est dans le calme de la solitude que tu trouves la force de te guérir, de renouveler ton esprit et de revenir dans le monde plus forte que jamais. Prendre ce temps pour toi-même est un acte d'amour-propre, une déclaration silencieuse affirmant que tu mérites d'investir en toi-même. N'aie aucune crainte de paraître distante, car c'est peut-être dans cette distance que tu trouves le pouvoir de revenir plus authentique et épanouie. Embrace cette période de solitude comme un chapitre crucial de ton histoire, car c'est là que se construit la fondation de ta force intérieure. Permets-toi ce temps précieux de réflexion et de récupération, car c'est dans la solitude que tu découvres la véritable ampleur de ta résilience et de ton pouvoir personnel.

Zakaryae Jilal

ESSAIE, LIBÈRE

“

Ne quitte pas parce que quelque chose s’est mal passé, quitte parce que tu as tout essayé et que rien ne s’améliore

UN INSTANT POUR SOI ”

SAGESSE SOUS-JACENTE

souviens-toi que l'art de la persévérance réside dans la sagesse de reconnaître quand il est temps de lâcher prise. Plutôt que de quitter en raison des embûches temporaires, considère le départ comme un acte de courage, une décision éclairée basée sur le fait que tu as investi ton énergie, ton temps et ton amour dans une situation qui ne s'est pas améliorée malgré tes efforts. La vie est trop courte pour demeurer enchaîné à des circonstances qui ne nourrissent pas ton bien-être et ta croissance personnelle.

Quitter n'est pas un signe de faiblesse, mais plutôt un acte de préservation de soi. Écoute attentivement les murmures de ton intuition, ces douces voix intérieures qui te guident vers des horizons où tu peux t'épanouir. Lorsque tu as tout essayé, quand tes efforts se sont dissipés dans l'ombre de l'incompréhension ou de la résistance persistante, considère le départ comme une libération, une opportunité de te redécouvrir et de redessiner le tableau de ta vie.

Rappelle-toi que la fin d'une route peut être le début d'un nouveau chemin, te menant vers des expériences enrichissantes et des relations qui alignent harmonieusement avec la personne que tu es destiné à devenir. Que chaque décision de quitter soit empreinte de sagesse et de foi en toi-même, car dans ces moments, tu ne renonces pas simplement, tu choisis de t'ouvrir à l'infini potentiel de renouveau et de croissance.

Zakaryae Jilal

SURPRISE AMOUREUSE

“

Je tombe amoureuse de la personne la plus inattendue, au moment le plus inattendu. L'amour ne se prévoit pas, il surgit comme une belle surprise.

UN INSTANT POUR SOI ”

SAGESSE SOUS-JACENTE

Laisse-toi emporter par le charme imprévisible de l'amour, car c'est souvent dans l'inattendu que résident les plus belles surprises de la vie. Il est naturel de ne pas pouvoir prédire quand ou comment l'amour se manifestera, car il émerge à des moments que tu n'aurais peut-être jamais anticipés. Cette beauté de l'imprévisibilité réside dans la spontanéité et la magie des rencontres inattendues. Ne te ferme pas à cette possibilité sous prétexte que cela ne correspond pas à tes attentes ou à un calendrier préétabli. L'amour authentique ne se plie pas à un plan préétabli, mais se déploie au fil des circonstances de la vie. Accueille ces moments inattendus avec un cœur ouvert, car c'est souvent là que naissent les histoires d'amour les plus épanouissantes. Sois prête à être surprise, à te laisser guider par les émotions du moment, et à découvrir que l'amour peut émerger là où tu ne l'attendais pas. Ces rencontres inattendues peuvent devenir les chapitres les plus significatifs de ton histoire d'amour, apportant une richesse et une profondeur que tu n'aurais jamais imaginées. Laisse-toi surprendre par le voyage imprévisible de l'amour, car c'est dans l'inattendu que se cachent souvent les plus beaux récits d'affection.

Zakaryae Jilal

ÉMOTIONNELLEMENT ÉPROUVANT

“

J'ai aimé, j'ai pardonné, je me suis remise en question, parfois même quand j'avais raison, tout ça pour maintenir certaines personnes dans ma vie, en oubliant parfois ce qui était mieux pour moi

UN INSTANT POUR SOI ”

SAGESSE SOUS-JACENTE

Il est admirable d'investir émotionnellement dans une relation et de faire preuve de compréhension en pardonnant. Cependant, il est crucial de reconnaître que ta propre valeur ne doit pas être sacrifiée au nom de maintenir une connexion. Parfois, l'amour-propre exige de prendre du recul pour évaluer si les efforts que tu investis dans une relation sont mutuels. Le fait de te remettre en question montre une volonté d'évolution, mais n'oublie pas de considérer ton bien-être. Prends conscience que maintenir des liens avec des personnes qui ne contribuent pas positivement à ta vie peut te priver de l'épanouissement personnel. Prends le temps de réfléchir à ce qui est vraiment essentiel pour toi et n'aie pas peur de prendre des décisions difficiles pour préserver ta propre joie et équilibre. Tu mérites des relations qui enrichissent ta vie, où l'amour et le respect sont réciproques.

Zakaryae Jilal

“

Oublie ce que tu ressens et pense à ce que tu mérites

UN INSTANT POUR SOI ”

SAGESSE SOUS-JACENTE

Il est parfois difficile de mettre de côté nos émotions immédiates pour réfléchir objectivement à ce que l'on mérite réellement dans la vie. Oublier momentanément ce que tu ressens peut être un acte d'auto-préservation nécessaire pour évaluer tes besoins fondamentaux et tes aspirations. Pense à ce que tu mérites avec une clarté d'esprit, en tenant compte de tes valeurs, de tes objectifs et de ta dignité personnelle. Parfois, nos émotions peuvent nous éloigner de la réalité, et prendre du recul permet de faire des choix plus éclairés. Tu mérites le respect, l'amour-propre et l'épanouissement. N'oublie pas de te donner la priorité et de rechercher des situations qui contribuent à ton bien-être à long terme. Considère chaque décision à la lumière de ce que tu mérites plutôt que de te laisser guider uniquement par tes émotions du moment. En faisant cela, tu construis un chemin vers une vie qui reflète véritablement ta valeur et tes aspirations. Ne laisse pas les circonstances émotionnelles temporaires dicter ce que tu mérites dans la vie, mais plutôt, rappelle-toi constamment de viser ce que tu mérites vraiment pour un bonheur durable.

Zakaryae Jilal

ACCEPTATION FLORISSANTE

❝

J'accepte la situation et tourne la page. Ma vie est trop belle pour être gâchée par de mauvais souvenirs

UN INSTANT POUR SOI ❞

SAGESSE SOUS-JACENTE

Il est admirable que tu choisisses d'accepter la situation et de tourner la page, car cela témoigne d'une résilience puissante et de la volonté de préserver la beauté de ta vie. Chacun de nous est confronté à des moments difficiles, mais la clé réside dans la façon dont nous choisissons de réagir. En refusant de laisser de mauvais souvenirs gâcher le tissu même de ta vie, tu te donnes la possibilité de continuer à t'épanouir. La beauté de la vie réside dans la diversité des expériences, bonnes et mauvaises, et dans la capacité à apprendre et à grandir à partir de chacune d'elles. En tournant la page, tu ouvres un nouveau chapitre qui peut être empli de positivité, d'apprentissage et de possibilités. Accepter la réalité et choisir de ne pas laisser le passé dicter le présent montre une force intérieure et un engagement envers ton propre bien-être. Continue à construire ta vie autour de ce qui la rend belle, entourée de souvenirs positifs et d'expériences enrichissantes. La décision d'embrasser le changement et d'avancer est un acte de courage qui te mènera vers un avenir plus lumineux et plus épanouissant.

Zakaryae Jilal

LIBÉRATION BÉNIE

"Une rupture peut être douloureuse, mais se débarrasser de quelqu'un qui ne te respecte pas est une véritable bénédiction, pas une perte"

UN INSTANT POUR SOI

SAGESSE SOUS-JACENTE

Au sein de l'écheveau complexe des relations, rappelle-toi que chaque séparation, aussi déchirante soit-elle, peut être une clé vers la liberté émotionnelle. La douleur de dire adieu peut laisser une empreinte profonde, mais dans chaque au revoir se niche la possibilité de se libérer des liens qui ne t'élèvent pas. Se défaire de quelqu'un qui ne respecte pas la beauté de ton être est un acte de bienveillance envers toi-même, une bénédiction qui prépare le terrain pour des rencontres plus authentiques et nourrissantes.

Permettre à quelqu'un de quitter ta vie n'est pas une défaite, mais plutôt une victoire silencieuse sur la complaisance et le manque de respect. Lorsque tu dis au revoir à quelqu'un qui ne reconnaît pas ta valeur, tu ouvres la porte à de nouvelles possibilités d'épanouissement. N'oublie pas que chaque départ, aussi poignant soit-il, est un pas vers la découverte de ta propre force et de ta dignité. La vraie perte réside dans la résignation à demeurer dans une relation qui ne te nourrit pas, alors que la vraie bénédiction réside dans la libération et l'espoir renouvelé d'un futur où tu es pleinement respecté et aimé.

C'est dans ces moments de rupture que la sagesse de l'amour-propre se révèle. Cherche la paix intérieure en comprenant que la fin d'une relation peut être le début d'une renaissance personnelle. Honore la douleur, mais n'oublie pas de célébrer la libération qui s'ensuit. Que chaque adieu soit le prélude à une nouvelle symphonie de bonheur, où tu es la note centrale de ton propre récit, écrivant avec grâce les chapitres de ta vie qui t'apportent joie et respect.

Zakaryae Jilal

RAPPEL AMOUREUX

“

Choisis la personne qui, après une dispute, te rappelle pour te dire que peu importe les difficultés, elle ne te quittera jamais. C'est celle qui mérite de rester à tes côtés.

UN INSTANT POUR SOI ”

SAGESSE SOUS-JACENTE

Lorsque tu traverses des moments difficiles, cherche ceux qui, même au cœur d'une dispute, sont prêts à te rappeler pour te rassurer sur leur engagement envers toi. Ces personnes, capables de surmonter les épreuves, sont celles qui méritent de rester à tes côtés. Choisis des relations où la communication et la compréhension mutuelle prévalent sur les conflits. C'est dans les moments de tension que la véritable solidité des liens se révèle. Opte pour ceux qui valorisent la résolution plutôt que l'évitement, et qui croient en la construction d'une relation durable malgré les obstacles. Les personnes dignes de rester à tes côtés sont celles qui voient au-delà des différences passagères et qui se battent pour la connexion authentique qui les lie à toi. Cherche celles qui considèrent chaque dispute comme une opportunité de croissance et de compréhension mutuelle. Ces relations, forgées dans la résilience, sont celles qui perdurent et qui deviennent un pilier solide dans ta vie. Fais preuve de discernement dans le choix de tes compagnons de voyage, et entoure-toi de ceux qui, même dans les moments difficiles, choisissent l'amour et la persévérance.

Zakaryae Jilal

"

J'essaie 100 fois, mais une fois que j'ai dit 'c'est fini', c'est vraiment fini. Mon cœur mérite plus que de simples essais

UN INSTANT POUR SOI "

SAGESSE SOUS-JACENTE

Au sein des méandres des relations, rappelle-toi que chaque tentative est une offrande de ton cœur. Cependant, lorsque tu prononces le "c'est fini", c'est un acte de bravoure, une déclaration affirmée de ta propre valeur. Ton cœur, cette source intarissable d'affection, mérite d'être honoré bien au-delà de simples essais répétés. En choisissant le "c'est fini", tu affirmes la nécessité de préserver l'intégrité de ton être, de ne pas te perdre dans un cycle éternel d'efforts vains.

Cela peut sembler difficile sur le moment, mais le "c'est fini" est aussi un acte d'autonomie émotionnelle, une décision de mettre fin à une danse d'incertitudes. Ne crains pas la clarté du "c'est fini", car c'est aussi le début d'un voyage vers une redécouverte de toi-même et vers des relations authentiques. Chaque adieu devient une porte qui s'ouvre sur un avenir où ton cœur trouve la quiétude et où tes émotions sont respectées avec la délicatesse qu'elles méritent. Dans le récit de ton existence, le "c'est fini" devient une note puissante, une affirmation de ton droit à un amour qui va au-delà des simples essais, embrassant la plénitude de ton être avec constance et respect.

Zakaryae Jilal

AMOUR PILIER

“

Quand un homme aime profondément, il devient le pilier de la relation, la force qui guide et protège. Son amour inconditionnel est le trésor qui enrichit le voyage de deux âmes

UN INSTANT POUR SOI

”

SAGESSE SOUS-JACENTE

Reconnais la valeur d'une connexion où l'amour est un pilier solide, une force bienveillante qui guide et protège. Lorsqu'un homme investit son cœur de manière profonde, il devient un compagnon fiable, apportant stabilité et soutien à la relation. Apprécie cette présence qui offre un amour inconditionnel, un trésor précieux qui embellit le parcours partagé de deux âmes. Prends conscience du privilège d'avoir un partenaire qui contribue à la croissance mutuelle et à l'épanouissement. Accorde de l'importance à ces moments où son amour agit comme un refuge, un phare dans les tempêtes de la vie. Cultive une gratitude pour cette connexion authentique et investis toi-même dans la construction d'un lien basé sur le respect mutuel et l'affection sincère. Souviens-toi que dans une relation où l'amour est le guide, chaque étape devient une expérience partagée, renforçant le tissu même de l'amour qui vous unit.

“

Le vrai bonheur, c'est cette formule simple : des moments sans artifice avec les bonnes personnes

UN INSTANT POUR SOI ”

SAGESSE SOUS-JACENTE

Il y a une véritable magie dans la simplicité des moments partagés sans artifice avec les bonnes personnes. Cherche la richesse dans l'authenticité des connexions, là où la joie émane naturellement. Ne sous-estime pas l'impact des instants où tu es entouré de ceux qui te comprennent et t'acceptent tel que tu es. La véritable beauté du bonheur réside souvent dans la simplicité de rires partagés, de conversations sincères et de gestes d'affection spontanés. Fais un effort pour créer des espaces où la superficialité cède la place à la véritable connexion humaine. Privilégie la qualité des relations plutôt que la quantité, car ce sont les liens authentiques qui nourrissent l'âme. Investis du temps dans les personnes qui t'inspirent à être la meilleure version de toi-même. N'oublie pas que le bonheur se trouve souvent dans les petites choses, dans la chaleur d'un sourire partagé ou dans le réconfort d'une épaule amicale. Cultive ces moments simples mais significatifs, car ce sont eux qui tissent le tissu même du bonheur véritable.

Zakaryae Jilal

RENOUVEAU
ROMANTIQUE

“

Tout ce qui part de ma vie ouvre la voie à quelque chose de meilleur

UN INSTANT POUR SOI ”

SAGESSE SOUS-JACENTE

Reconnaître que chaque départ dans ta vie, qu'il soit volontaire ou non, crée un espace pour de nouvelles opportunités et de meilleures perspectives. Les fins sont souvent les prémices de nouveaux débuts, et chaque chapitre qui se ferme peut être considéré comme une invitation à écrire une nouvelle histoire. Ne crains pas les changements, car ce sont eux qui propulsent ta croissance personnelle. Accueille ces moments de transition avec une attitude ouverte, prêt à apprendre et à évoluer. Souvent, ce qui semble être une perte initiale se révèle être un investissement dans un avenir plus riche et plus épanouissant. Permets-toi de regarder en arrière avec gratitude pour ce qui a été, tout en regardant vers l'avant avec enthousiasme pour ce qui pourrait être. Chaque départ est une étape vers la construction d'une vie qui reflète tes aspirations et tes rêves les plus profonds.

“

Le problème, c'est que je suis prête à traverser des océans pour quelqu'un qui ne sauterait même pas une flaque d'eau pour moi. Il est temps de rééquilibrer les énergies de ma vie

UN INSTANT POUR SOI ”

SAGESSE SOUS-JACENTE

Il est poignant de réaliser que l'investissement émotionnel et l'effort dans une relation ne sont pas toujours équitablement répartis. Si tu te trouves dans une situation où tu donnes plus que tu ne reçois, il est important de prendre conscience de cette disparité. Ton énergie précieuse mérite d'être dirigée vers des relations où l'équilibre est naturel et mutuel. Plutôt que de traverser des océans pour quelqu'un qui ne sauterait pas une flaque d'eau pour toi, concentre-toi sur les relations qui reflètent une réciprocité sincère. Le rééquilibrage des énergies dans ta vie ne signifie pas forcément un retrait complet, mais plutôt une redirection de ton amour et de ton investissement vers des personnes qui apprécient et reconnaissent véritablement ta valeur. Permets-toi d'évoluer vers des relations équilibrées où chacun contribue de manière significative au bien-être de l'autre. C'est en honorant ta propre énergie et en la dirigeant vers des expériences positives que tu créer as un environnement propice à l'épanouissement personnel.

Zakaryae Jilal

PIONNIÈRE

“

Les femmes qui osent prendre des risques sont celles qui changent le monde. N'aie pas peur d'être une pionnière

UN INSTANT POUR SOI ”

SAGESSE SOUS-JACENTE

Les femmes qui osent prendre des risques sont véritablement celles qui ont le pouvoir de changer le monde. La capacité à sortir de sa zone de confort, à défier les normes établies et à embrasser l'inconnu est ce qui ouvre la voie à l'innovation et à la transformation. Ne crains pas d'être une pionnière dans ta vie, car c'est souvent à travers ces audaces que se dessinent des trajectoires exceptionnelles. L'histoire regorge d'exemples de femmes visionnaires qui ont remodelé le cours des événements en prenant des risques calculés. Laisse-toi inspirer par ces modèles et sois prête à tracer ton propre chemin, même s'il diffère de la norme. Le changement et le progrès émergent souvent de la volonté de briser les barrières et de repousser les limites. Affirme-toi avec confiance, car chaque pas audacieux que tu fais ouvre de nouvelles possibilités pour toi-même et pour les générations futures. N'aie pas peur de te distinguer, car c'est dans cette différence que réside le pouvoir de la transformation. Sois l'architecte de ton destin, et n'oublie jamais que le simple fait d'oser peut être le catalyseur d'un impact extraordinaire. En embrassant l'audace, tu te donnes la chance de laisser une empreinte positive et de participer activement à la construction d'un monde plus équitable et novateur.

Zakaryae Jilal

APPRENTISSAGE ROMANTIQUE

“ Tes expériences passées sont des chapitres de ton livre de vie. Assure-toi d'en tirer des enseignements précieux

UN INSTANT POUR SOI ”

SAGESSE SOUS-JACENTE

Au fil des saisons de ta vie, chaque expérience vécue est une page précieuse dans le livre de ton être. Ces chapitres, teintés de joies, de peines, de défis et de triomphes, dessinent l'histoire complexe de ton voyage. Ne considère jamais tes expériences passées comme de simples événements, mais plutôt comme des enseignements précieux, des rivières où coule la sagesse acquise au gré des remous.

Dans chaque rire partagé et dans chaque larme versée, se cachent des leçons inestimables qui forgent la personne que tu es devenue. Permets à ces enseignements de nourrir ta croissance, de guider tes pas vers la compréhension profonde de toi-même. Que chaque défi surmonté devienne une source d'inspiration, et que chaque réussite soit un rappel de la force qui réside en toi.

Ainsi, ton livre de vie devient une œuvre d'art en constante évolution, chaque chapitre ajoutant une nuance à la toile de ton existence. Embrasse le pouvoir transformateur de tes expériences passées, fais-en des alliées dans ta quête de compréhension et d'épanouissement. Que ton livre de vie soit une symphonie de résilience, une épopée vibrante où chaque page raconte le récit captivant de ta propre évolution.

Zakaryae Jilal

“

Il existe des chemins que tu dois emprunter en solitaire, sans famille, sans amis, sans partenaire, simplement toi. C'est là que tu découvriras ta véritable force et ta capacité à briller de ton propre éclat

UN INSTANT POUR SOI ”

SAGESSE SOUS-JACENTE

Il y aura des moments où tu devras emprunter des chemins en solitaire, sans le soutien immédiat de la famille, des amis ou d'un partenaire. Ces périodes d'isolement sont des opportunités précieuses pour découvrir ta véritable force intérieure et ta capacité à briller de ton propre éclat. En marchant seul, tu apprends à compter sur toi-même, à surmonter les défis et à explorer tes aspirations sans l'influence extérieure. Ces moments te permettent de te connecter plus profondément avec toi-même, de cultiver la confiance en tes capacités et de développer une compréhension authentique de tes rêves. La solitude devient le terrain fertile où naissent parfois les idées les plus novatrices et où se construisent les fondations de tes plus grandes réalisations. Alors, n'aie pas peur de ces chemins solitaires, car c'est là que tu te découvres vraiment et que tu émerges plus fort. Embrasse ces moments avec gratitude, sachant qu'ils peuvent être les catalyseurs de ta croissance personnelle et des chapitres les plus significatifs de ta vie.

Zakaryae Jilal

DÉVOUEMENT

> Je lui ai donné ce que la vie m'a offert de plus précieux : mon temps et mon amour. Il n'y a pas de plus grand cadeau que celui du cœur
>
> UN INSTANT POUR SOI

SAGESSE SOUS-JACENTE

En offrant ton temps et ton amour, tu as partagé les trésors les plus précieux de ta vie. Ce geste va bien au-delà de la matérialité, car le don de soi est le cadeau ultime. Ton temps est une ressource irremplaçable, et en le consacrant à quelqu'un, tu lui as offert une part de ton existence. De même, l'amour que tu as partagé est une force puissante qui transcende les biens matériels. Il est la véritable essence de la vie, et en le donnant généreusement, tu as créé un lien authentique et profond. Ce geste désintéressé, au-delà de toute reconnaissance, crée une connexion humaine significative. Dans cette offrande, tu as semé les graines d'une relation fondée sur la compréhension, la bienveillance et la véritable affection. Souvent, dans ces dons du cœur, réside la véritable richesse de l'existence. Continue à partager ces trésors intangibles, car c'est à travers eux que les liens les plus durables et les souvenirs les plus précieux sont tissés. En faisant de ton temps et de ton amour des cadeaux continus, tu contribues à élever la qualité de vie, à créer des moments de bonheur partagé et à nourrir l'âme.

ENDURANCE ROMANTIQUE

“

Les jours difficiles, je me répète ces trois mots : patience, tolérance et persévérance. Ils me guident sur le chemin de la résilience.

UN INSTANT POUR SOI ”

SAGESSE SOUS-JACENTE

Dans les moments difficiles, rappelle-toi constamment de ces trois mots qui deviendront tes alliés précieux : patience, tolérance et persévérance. La patience te donne la force de traverser les périodes d'incertitude, en comprenant que tout a son propre rythme et que des changements positifs peuvent prendre du temps. La tolérance t'invite à accepter les circonstances que tu ne peux pas changer immédiatement, tout en préservant ton énergie pour ce sur quoi tu as un réel impact. La persévérance devient ton moteur, te propulsant malgré les obstacles, te rappelant que chaque défi surmonté te rapproche de la résilience. Ces mots deviennent comme des phares dans l'obscurité, t'éclairant sur le chemin de la croissance personnelle et de la force intérieure. Utilise-les comme des mantra, comme des rappels constants de ton potentiel à résister aux tempêtes. En cultivant la patience, la tolérance et la persévérance, tu édifies une fondation solide qui te permet de faire face aux difficultés avec grâce et détermination. N'oublie jamais que même dans l'adversité, ces vertus deviennent des outils puissants qui te guident vers une résilience inébranlable.

Zakaryae Jilal

“

Le passé est une histoire, le futur est un mystère, mais le présent est un cadeau. C'est pourquoi on l'appelle le présent.

UN INSTANT POUR SOI ”

SAGESSE SOUS-JACENTE

Chaque jour que tu vis est une opportunité précieuse, un cadeau unique que tu ne pourras jamais revivre. Prends conscience de la magie inhérente au présent, car c'est dans ces moments que se tisse le tissu de ta vie. Le passé, avec ses joies et ses peines, t'a façonné, mais il ne dicte pas ton avenir. Le futur, quant à lui, reste à découvrir, rempli de promesses et de possibilités. En te concentrant sur le cadeau du présent, tu peux trouver une source inépuisable de bonheur et de satisfaction. Apprécie chaque instant, même les plus simples, car ils contribuent à l'histoire que tu écris jour après jour. Choisis de vivre pleinement, en accordant ton attention aux détails qui font briller chaque journée. La gratitude envers le présent est une clé pour cultiver une vie épanouissante. Ainsi, chaque jour devient une page de ton histoire personnelle, une histoire que tu es en train d'écrire avec intention et amour.

ÉVOLUTION MAGNÉTIQUE

"

Au fil du temps, j'ai observé des personnes qui étaient autrefois importantes pour moi devenir de simples inconnus. C'est ainsi que la vie nous apprend à grandir et à évoluer

UN INSTANT POUR SOI "

SAGESSE SOUS-JACENTE

Au fil du temps, j'ai constaté que des personnes autrefois essentielles dans ma vie sont devenues de simples inconnus. C'est une leçon précieuse de la vie : les relations évoluent, les chemins se séparent, et les gens changent. Cette observation m'a appris que la croissance personnelle implique parfois de laisser partir ceux qui ne font plus partie de notre trajet. Plutôt que de résister à ces changements, accepte-les comme des opportunités d'évolution. La vie nous confronte à des cycles de transformation, où des relations importantes peuvent se transformer en simples souvenirs. Ces ajustements sont des occasions de redéfinir nos priorités et de créer de nouveaux liens significatifs. Ainsi, embrasse ces évolutions avec sagesse, sachant que chaque personne qui entre ou sort de ta vie contribue à la personne que tu deviens. Accepte que les inconnus d'aujourd'hui peuvent être les alliés de demain, et que cette dynamique constante est une partie inévitable du voyage de la vie.

Zakaryae Jilal

AUTO-COMPASSION ROMANTIQUE

“

En cherchant à aider tout le monde, j'ai oublié de me tendre la main en premier

UN INSTANT POUR SOI

”

SAGESSE SOUS-JACENTE

Au fil de ton noble désir d'apporter de l'aide à chacun, n'oublie jamais que ta propre lumière mérite d'être nourrie en premier lieu. La tendance à se perdre dans le dévouement envers les autres peut parfois obscurcir le chemin vers ton propre bien-être. Considère la bienveillance envers toi-même comme le fondement sur lequel se construit toute forme d'aide que tu souhaites offrir.

Prends le temps de te réapprovisionner, de te ressourcer, et accorde-toi la même compassion que tu prodigues si généreusement aux autres. Dans cette quête d'aider, que ton amour et ton attention se déploient également vers la personne la plus importante de ta vie : toi-même. Se tendre la main en premier n'est pas un acte d'égoïsme, mais plutôt une reconnaissance profonde que pour offrir un soutien véritable, il faut d'abord être en harmonie avec son propre être.

Chaque acte de générosité envers toi-même devient une source de force, te permettant d'apporter une aide plus authentique et durable aux autres. Sois le gardien bienveillant de ta propre flamme intérieure, car c'est de cette lumière que jaillit l'énergie nécessaire pour illuminer les chemins des autres. En équilibrant ton désir d'aider avec une tendresse envers toi-même, tu construis un pont solide entre la compassion et l'épanouissement personnel, créant ainsi un cercle vertueux d'amour partagé.

Zakaryae Jilal

“

Si l'absence d'une personne t'apporte la paix, c'est le signe que tu n'as rien perdu, mais que tu as tout gagné en retrouvant ton équilibre intérieur

UN INSTANT POUR SOI

”

SAGESSE SOUS-JACENTE

Parfois, le vide laissé par l'absence d'une personne peut être interprété comme une opportunité de retrouver une paix intérieure. Au lieu de percevoir cette absence comme une perte, considère-la comme une occasion de redécouvrir ton propre équilibre. Si tu te retrouves dans un espace de calme et de sérénité après que quelqu'un a quitté ta vie, cela pourrait signifier que tu as gagné en retrouvant un équilibre intérieur essentiel. Accorde-toi le temps nécessaire pour explorer ce nouvel espace et apprendre à te connecter avec toi-même. Le fait de ne plus avoir cette personne dans ta vie peut être une invitation à te concentrer sur ton bien-être et à renforcer ta propre stabilité émotionnelle. Prends ce moment pour t'engager dans des activités qui te nourrissent et qui contribuent à ton épanouissement personnel. Tu mérites d'être entouré de relations qui apportent non seulement de la joie, mais qui contribuent également à ton équilibre émotionnel.

ACCEPTATION

❝

Pour éviter toute déception, acceptez les gens tels qu'ils sont, au lieu de les idéaliser en fonction de qui vous aimeriez qu'ils soient

UN INSTANT POUR SOI ❞

SAGESSE SOUS-JACENTE

Il est naturel de désirer des relations harmonieuses, mais il est essentiel de se rappeler que chacun est unique avec ses propres qualités et imperfections. Pour éviter déceptions et frustrations, considérez les gens avec une acceptation authentique, reconnaissant leur individualité. Plutôt que de les idéaliser selon vos attentes, appréciez-les pour ce qu'ils sont réellement. En comprenant et en respectant leurs différences, vous cultivez des relations plus authentiques. Souvent, les déceptions naissent de projections idéalisées plutôt que de la réalité. En embrassant la vérité de chaque personne, vous créez des bases solides pour des connexions plus profondes. Cela vous permet également de vous libérer des attentes démesurées, favorisant des relations plus épanouissantes. En acceptant les gens tels qu'ils sont, vous ouvrez la porte à des liens plus sincères et durables, enrichissant ainsi votre vie relationnelle.

Zakaryae Jilal

ÉMANCIPATION ROMANTIQUE

“

Il est essentiel de reconnaître la fin d'une histoire et de cesser de vous rabaisser pour quelqu'un qui ne vous veut plus dans sa vie. Votre valeur ne dépend pas de la présence de quelqu'un d'autre.

UN INSTANT POUR SOI ”

SAGESSE SOUS-JACENTE

Prendre conscience de la conclusion d'une histoire peut être un processus difficile, mais c'est une étape cruciale pour votre bien-être émotionnel. Il est important de ne pas vous dévaloriser en cherchant à maintenir une connexion avec quelqu'un qui a choisi de partir. Votre valeur en tant qu'individu ne repose pas sur la présence ou l'absence d'une personne dans votre vie. Accordez-vous l'espace nécessaire pour guérir et pour vous concentrer sur la construction de votre propre bonheur. La fin d'une relation peut être le début d'un nouveau chapitre, vous offrant l'opportunité de croître et d'évoluer. Cultivez l'amour-propre et rappelez-vous que votre valeur intrinsèque reste intacte, indépendamment des relations passées. En reconnaissant cette vérité, vous ouvrez la porte à des opportunités de croissance personnelle et d'épanouissement. Prenez soin de vous et investissez dans les aspects de la vie qui nourrissent votre bien-être. Vous méritez d'être entouré de personnes qui reconnaissent et apprécient votre valeur sans réserve.

Zakaryae Jilal

ÉTERNEL ATTACHEMENT

“

Il y a des personnes qui ne sont pas destinées à rester dans nos vies, mais à demeurer éternellement dans nos cœurs

UN INSTANT POUR SOI

”

SAGESSE SOUS-JACENTE

Parfois, il est essentiel de comprendre que certaines personnes ne sont pas destinées à rester dans nos vies, mais plutôt à demeurer éternellement dans nos cœurs. Cela peut être une leçon difficile, mais la vie nous enseigne que les chemins de chacun sont uniques et parfois éphémères. Au lieu de s'accrocher à ce qui s'en va, il est important d'apprécier les empreintes qu'elles laissent dans nos cœurs. Ces connexions fugaces peuvent être des cadeaux précieux, même si elles ne durent pas toujours. Plutôt que de résister aux adieux, accepte-les comme des opportunités de croissance et d'apprentissage. Souvent, les personnes qui partent laissent derrière elles des leçons inestimables et des souvenirs indélébiles. C'est dans la gratitude pour ces expériences que tu trouveras la force de libérer et d'embrasser les nouvelles rencontres qui s'offrent à toi. Alors, honore ces personnes qui ont laissé une marque indélébile dans ton cœur, et laisse-toi ouvrir à de nouvelles possibilités. La vie est un flux constant de rencontres et de séparations, et chaque chapitre, même éphémère, contribue à la richesse de ton histoire personnelle.

Zakaryae Jilal

“

Un jour, tu découvriras que rentrer à la maison et dîner en famille est le trésor le plus précieux de la vie.

UN INSTANT POUR SOI ”

SAGESSE SOUS-JACENTE

Dans la course effrénée de la vie, il est facile de sous-estimer la valeur simple mais profonde de rentrer à la maison et partager un repas en famille. C'est bien plus qu'une routine quotidienne ; c'est un trésor caché dans les moments apparemment ordinaires. La vie nous entraîne souvent dans différentes directions, mais ne néglige jamais l'impact réconfortant et nourrissant de ces instants familiaux. C'est là que les liens se renforcent, que les rires résonnent, et que les souvenirs se tissent.

Investir du temps dans ces moments n'est pas une perte, mais un investissement dans le bien-être et la stabilité émotionnelle. Ces dîners en famille deviennent les piliers de notre équilibre intérieur, un refuge dans les moments de tumulte. Alors, accorde-toi le luxe de savourer ces moments simples. Ils deviendront des souvenirs chéris qui illuminent les jours sombres. N'oublie pas que parfois, les trésors les plus précieux sont cachés dans les rituels quotidiens et les gestes familiers. Cherche la richesse dans ces petits moments, car c'est là que réside la véritable abondance de la vie.

Zakaryae Jilal

INDÉPENDANCE CAPTIVANTE

“

Tu réalises que la vie suit son cours avec ou sans quiconque, tu ne perds personne. Assure-toi simplement de ne pas te perdre toi-même

UN INSTANT POUR SOI

”

SAGESSE SOUS-JACENTE

Parfois, la vie nous rappelle que les chemins se croisent et se séparent, que des personnes entrent et sortent de nos vies. C'est un processus naturel, et il est crucial de comprendre que cela ne signifie pas une perte permanente. Les départs ne sont pas toujours des adieux, mais plutôt des transitions vers de nouvelles étapes. En reconnaissant que la vie continue, que tu ne perds personne, tu te libères de l'emprise de la peur de l'abandon. Cependant, dans ce flux incessant, veille à ne pas te perdre toi-même. Priorise ton bien-être, ta croissance personnelle et tes aspirations. Trouve des moyens de te reconnecter avec toi-même, de cultiver ta véritable essence indépendamment des relations extérieures. Au fur et à mesure que tu évolues, garde en tête que la personne la plus constante dans ta vie devrait être toi-même. En suivant ce principe, tu navigueras avec confiance à travers les changements, appréciant chaque rencontre tout en préservant ta propre identité.

Zakaryae Jilal

“

La fin d'une relation peut être le début de ton propre amour-propre. Apprends à t'aimer à nouveau

UN INSTANT POUR SOI ”

SAGESSE SOUS-JACENTE

Parfois, la clôture d'un chapitre peut sembler douloureuse, mais c'est aussi une opportunité de redécouvrir qui tu es vraiment. La fin d'une relation n'est pas la fin de toi, mais plutôt une chance de te reconnecter avec ta propre essence. Prends le temps de t'immerger dans tes passions oubliées et de te reconstruire. Explore des activités qui te font vibrer et redécouvre ces petits plaisirs qui sont proprement les tiens. C'est dans ces moments que tu trouveras la force de te pardonner et d'accepter que l'amour-propre vient de l'intérieur.

Apprends à te parler avec bienveillance, comme tu le ferais avec un ami cher. Sois attentif à tes besoins émotionnels et physiques. Investis du temps dans des choses qui nourrissent ton âme. Entoure-toi de personnes positives qui t'inspirent et te soutiennent. La confiance en soi grandit quand on se permet d'embrasser pleinement qui l'on est, sans jugement. Accepte que la vie est un voyage de découverte de soi, et chaque étape, même difficile, contribue à forger ta force intérieure.

N'oublie pas que la fin d'une relation est le début d'une nouvelle histoire, celle avec toi-même.

Zakaryae Jilal

INTÉRÊT ÉPHÉMÈRE

“

Ceux qui te fréquentent par intérêt te quitteront dès qu'ils auront obtenu ce qu'ils cherchaient

UN INSTANT POUR SOI ”

SAGESSE SOUS-JACENTE

La vie est une danse complexe de relations, et il est essentiel de reconnaître que certaines personnes peuvent entrer dans ta vie pour des raisons éphémères. Quand tu es entouré de ceux qui semblent intéressés uniquement par ce qu'ils peuvent tirer de toi, garde à l'esprit que ces connexions peuvent être superficielles. Les relations authentiques sont construites sur la sincérité et la réciprocité, et ceux qui ne voient en toi qu'un moyen d'atteindre leurs objectifs ne sont pas destinés à rester.

Apprends à distinguer les relations basées sur l'intérêt égoïste de celles qui sont fondées sur le respect mutuel. En investissant du temps dans des liens sincères, tu découvriras des connexions bien plus significatives. Ne laisse pas la déception te faire douter de ta valeur. C'est en évaluant les relations avec discernement que tu pourras t'épanouir dans des connexions authentiques. Priorise ceux qui apprécient la personne que tu es plutôt que ce que tu peux leur offrir. En fin de compte, entoure-toi de ceux qui restent, non pas pour ce que tu possèdes, mais pour qui tu es réellement.

Zakaryae Jilal

“

Aimons la goutte qui fait déborder le vase, car c'est grâce à elle que naît le changement, l'évolution, et la transformation

UN INSTANT POUR SOI ”

SAGESSE SOUS-JACENTE

Chaque défi, chaque moment difficile, peut être une opportunité déguisée. La goutte qui fait déborder le vase n'est pas simplement une épreuve, mais un déclencheur potentiel pour la croissance personnelle. Plutôt que de la craindre, apprécie-la comme le point de départ d'un changement positif. Les moments où tu te sens débordé sont souvent ceux où la transformation personnelle a lieu. C'est dans ces instants de pression que tu découvres ta résilience et ta capacité à évoluer. L'amour envers la goutte qui semble trop lourde peut t'ouvrir à des perspectives nouvelles, des ajustements nécessaires, et des transformations significatives. Accepte ces moments avec courage et ouverture, car c'est souvent là que naissent les opportunités de devenir la meilleure version de toi-même. Cherche la leçon derrière chaque défi, et laisse-toi guider par le potentiel de croissance que ces gouttes peuvent offrir à ta vie.

Zakaryae Jilal

HARMONIE AMOUREUSE

"

L'homme trouve son refuge là où règnent la paix et le respect. La femme, quant à elle, apporte cette paix lorsqu'elle se sent aimée et bien traitée

UN INSTANT POUR SOI "

SAGESSE SOUS-JACENTE

Dans la symphonie des relations, il est essentiel de reconnaître que l'homme et la femme ont des besoins émotionnels uniques. Pour l'homme, la quiétude et le respect sont des piliers. Trouver un refuge dans un environnement empreint de paix est non seulement réconfortant, mais aussi essentiel pour son épanouissement. D'un autre côté, la femme, porteuse naturelle de paix, déploie toute sa grâce lorsque ses besoins émotionnels d'amour et de bienveillance sont comblés. Lorsque l'homme comprend et répond à ces besoins avec amour, cela crée une harmonie qui transcende les relations. Se sentir aimée et bien traitée est pour elle le terreau fertile où s'épanouit la paix intérieure. Ainsi, dans la danse complexe des relations, la compréhension mutuelle et l'attention aux besoins spécifiques de chacun sont les clés qui ouvrent la porte à une harmonie durable et épanouissante.

Zakaryae Jilal

TRANSITION

" Tu as parlé, expliqué, donné, aimé, douté, et pourtant, rien n'a changé. Il est temps de lâcher prise, de continuer à avancer, et de ne jamais te retourner. Ton avenir t'attend, et il est prometteur

UN INSTANT POUR SOI "

SAGESSE SOUS-JACENTE

Tu as investi temps et énergie dans des situations qui ne se sont pas transformées comme tu l'espérais. Parfois, malgré tous tes efforts, certaines choses restent inchangées. C'est le moment de libérer ce poids, de laisser aller les attentes déçues. En détachant ton regard du passé, tu ouvres la porte à de nouvelles opportunités et à la croissance personnelle. Ne crains pas de tourner la page, car c'est là que réside le pouvoir de créer un avenir plus prometteur. Avance avec confiance, même si le chemin semble incertain. Chaque pas que tu fais vers l'avant est une affirmation de ton potentiel et de ta résilience. Laisse derrière toi ce qui ne te sert plus et concentre-toi sur les possibilités qui t'attendent. L'avenir est une toile vierge prête à être peinte par tes aspirations et tes rêves. Sois ouvert aux nouvelles expériences et accueille les changements avec optimisme. Le meilleur reste à venir pour toi, alors marche résolument vers l'horizon qui t'attend.

Zakaryae Jilal

ÉQUILIBRE RELATIONNEL

"

Ce qui crée le plus de conflits au sein des relations, c'est le manque de communication, l'orgueil mal placé, et l'idée de rivalité

UN INSTANT POUR SOI "

SAGESSE SOUS-JACENTE

Dans les relations humaines, prends conscience que le silence peut être plus assourdissant que les mots maladroits. Le manque de communication, telle une ombre, peut obscurcir la compréhension mutuelle. L'orgueil, placé en sentinelles érigées, peut ériger des barrières infranchissables là où la vulnérabilité pourrait tisser des liens. L'idée de rivalité, telle une tempête lointaine, peut déformer la perception de l'autre, faisant naître des conflits là où la collaboration aurait pu fleurir.
Cherche la magie dans la parole partagée, dans la vérité exprimée avec empathie. Là où l'orgueil menace de s'interposer, fais place à l'humilité, cette force douce qui adoucit les angles de la discorde. Remplace l'idée de rivalité par celle d'une danse harmonieuse, où chaque pas est une invitation à la compréhension mutuelle. N'oublie jamais que les racines des conflits se trouvent souvent dans les silences non exprimés, les fiertés mal comprises et les compétitions non nécessaires. Que ta communication soit un pont vers la compréhension, ton humilité un baume apaisant, et ton esprit libre des chaînes de la rivalité. Ainsi, dans la symphonie des relations, tu deviens le maestro de l'harmonie, créant un crescendo de paix et de connexion authentique.

Zakaryae Jilal

AMOUR AUTHENTIQUE

"

La loyauté et le respect sont les fondations solides sur lesquelles peut naître un amour sincère et profond

UN INSTANT POUR SOI "

SAGESSE SOUS-JACENTE

Au cœur de toute relation significative, la loyauté et le respect forment un socle solide. Prends conscience que ces valeurs ne sont pas seulement des concepts abstraits, mais des éléments essentiels qui nourrissent l'épanouissement des liens. En t'engageant à être loyal envers ton partenaire et à respecter sa singularité, tu ériges un pilier puissant pour un amour authentique. Reconnaître que la loyauté implique non seulement la fidélité, mais aussi le soutien inconditionnel dans les hauts et les bas, est une clé pour bâtir une connexion profonde. Le respect, quant à lui, englobe l'acceptation de l'autre dans sa totalité, avec ses forces et ses faiblesses. En cultivant ces fondations solides, tu crées un terrain propice à l'épanouissement d'un amour sincère et durable. Souviens-toi que ces valeurs ne sont pas simplement des aspirations, mais des choix quotidiens qui construisent un lien durable et significatif. Lorsque la loyauté et le respect sont présents, l'amour qui émerge est non seulement sincère, mais également capable de résister aux épreuves du temps.

Zakaryae Jilal

IMMORTALITÉ

"

Celui qui s'éprend d'une belle âme demeure fidèle éternellement, car son amour se nourrit de l'immortalité de ce qu'il chérit

UN INSTANT POUR SOI "

SAGESSE SOUS-JACENTE

Lorsque tu te lies à une âme qui résonne avec la beauté intérieure, tu découvres une connexion qui transcende les limites du temps. C'est comme si votre amour puisait sa force dans l'éternité même. Choisir une belle âme comme partenaire crée une fondation indestructible, car la beauté intérieure est immuable et perdure au fil des saisons de la vie.

Les attributs superficiels peuvent faner avec le temps, mais l'éclat d'une belle âme continue à rayonner, guidant votre chemin à travers les défis et les triomphes. Cultiver un amour pour la véritable essence d'une personne crée une connexion qui reste gravée dans la mémoire du cœur. C'est un investissement dans la pérennité de l'amour, où chaque instant partagé devient un joyau précieux dans le collier du temps.

N'oublie jamais que l'amour envers une belle âme est une célébration constante de la richesse intérieure, une danse éternelle qui transcende les fluctuations extérieures. Lorsque tu choisis une âme, tu choisis la substance intérieure qui, telle une étoile, continue à briller même dans les nuits les plus sombres. Ainsi, que ton amour soit un voyage perpétuel à travers les profondeurs inexplorées d'une beauté qui défie le temps.

Zakaryae Jilal

INDÉPENDANCE EMOTIONNELLE

“

Deux règles à suivre : n'attache pas ton bonheur à quelqu'un d'autre, et n'attends pas des autres ce que tu peux te donner toi-même

UN INSTANT POUR SOI ”

SAGESSE SOUS-JACENTE

Il est essentiel de comprendre que ton bonheur ne devrait pas dépendre entièrement des autres. Chacun est responsable de cultiver son propre bien-être intérieur. N'attache pas ta joie de vivre à une personne spécifique, car les relations peuvent évoluer et les gens changer. Cherche plutôt la plénitude en toi-même, en découvrant ce qui te passionne et t'apporte du contentement. De même, évite de mettre des attentes démesurées sur les autres. Ce que tu peux te donner, en termes d'amour, de soutien et de compréhension, est une source bien plus fiable que d'attendre cela des autres. En développant ton propre pouvoir d'auto-suffisance, tu équipes ta vie d'une stabilité qui transcende les fluctuations extérieures. Apprends à être ton propre pilier, à t'aimer et à te soutenir, même dans les moments difficiles. En suivant ces règles, tu t'ouvres à des relations plus équilibrées et enrichissantes, où chacun contribue à la vie de l'autre sans porter le poids total de son bonheur.

Zakaryae Jilal

RETOUR

"

Un jour, tout l'amour que tu as donné aux mauvaises personnes te reviendra, multiplié et débordant, de la part de ceux qui le méritent vraiment

UN INSTANT POUR SOI "

SAGESSE SOUS-JACENTE

Dans le grand livre de la vie, chaque acte d'amour que tu offres est comme une graine plantée dans le sol fertile du temps. Ne t'inquiète pas si certaines de ces graines semblent tomber sur des terres arides. Un jour, ces parcelles de générosité que tu as semées avec tant de soin germeront et fleuriront, te comblant au-delà de tes rêves les plus fous.

L'amour est une énergie puissante qui ne se perd jamais. Même si certaines personnes ne semblent pas capables de le recevoir, il trouve toujours un chemin pour revenir vers toi, souvent de manière inattendue. Garde ton cœur ouvert, car l'amour que tu donnes trouvera son chemin vers des âmes qui le valoriseront véritablement. Ces connexions sincères et enrichissantes seront les fruits mûrs de ton investissement émotionnel.

Patience est la clé. Alors que tu continues à semer des graines d'amour, ne te laisse pas décourager par les déceptions passées. Les bonnes personnes, celles qui comprennent la valeur de ton amour, viendront à toi naturellement. Sois prêt à accueillir cette abondance d'affection qui reviendra vers toi, multipliée et débordante, provenant de ceux qui méritent vraiment d'être présents dans ta vie. La patience et la persévérance seront les artisans de cette belle symphonie d'amour qui se jouera à travers les chapitres de ta vie.

Zakaryae Jilal

PARDON ÉLOIGNÉ

“

Tu as le pouvoir de pardonner à certaines personnes sans pour autant les réintégrer dans ta vie. Excuses acceptées, mais l'accès est refusé.

UN INSTANT POUR SOI ”

SAGESSE SOUS-JACENTE

Il est important de reconnaître que le pardon n'est pas toujours synonyme de réconciliation. Tu détiens la puissance de pardonner, un acte libérateur pour toi-même, mais cela ne signifie pas nécessairement que tu dois réintégrer certaines personnes dans ta vie. Accepter des excuses ne doit pas automatiquement ouvrir les portes de l'accès à quelqu'un. Protège-toi en comprenant que pardonner est avant tout un acte de bienveillance envers toi-même, un moyen de relâcher le fardeau de la rancune.

Parfois, les relations toxiques ne peuvent pas être réparées, même avec le pardon. Éloigner certaines personnes de ta vie peut être un acte d'amour-propre. Évalue attentivement les motifs derrière le désir de pardonner et de rétablir une connexion. Protège ta paix intérieure et maintiens des frontières saines. Parfois, le pardon à distance est la clé pour préserver ton équilibre émotionnel. En comprenant que l'on peut pardonner tout en choisissant de ne pas permettre à certaines personnes de revenir dans nos vies, tu affirmes ton droit au respect de soi et à une vie épanouissante.

Zakaryae Jilal

GUIDES BIENVEILLANTS

"

Il y a des personnes qui nous ouvrent les yeux sur le monde, nous apprenant à aimer, à rire et à rêver

UN INSTANT POUR SOI "

SAGESSE SOUS-JACENTE

Dans le ballet de la vie, garde toujours le cœur ouvert aux âmes qui illuminent ton chemin. Ces personnes, véritables joyaux éphémères, ne se contentent pas de traverser ta vie, elles t'ouvrent les yeux sur le monde. Elles sont les maîtres enchantés qui t'apprennent les danses sacrées de l'amour, du rire et du rêve. Lorsque tu croises leur route, n'hésite pas à t'immerger dans la magie de leur présence.
Ces mentors du cœur te guident à travers la vaste toile des émotions, te montrant que la vie est une aventure audacieuse qui mérite d'être vécue pleinement. Apprends de leur sagesse, danse avec eux sous le ciel étoilé de l'instant présent, et permets à leur lumière de t'inspirer à aimer avec ferveur, à rire avec abandon, et à rêver avec une passion infinie. Car ces personnes spéciales sont les émissaires d'une vérité profonde : que la beauté de la vie réside dans les connexions qui transcendent le quotidien, élevant nos cœurs vers des hauteurs insoupçonnées.

Zakaryae Jilal

PRÉPARATION

> Même l'homme qui n'était pas prêt se préparera pour vous s'il réalise que c'est vous, la lueur de chaleur qu'il désire dans sa vie
>
> UN INSTANT POUR SOI

SAGESSE SOUS-JACENTE

Il est essentiel de reconnaître la puissance de votre propre lumière intérieure. Si vous êtes la lueur de chaleur qu'un homme désire dans sa vie, cela témoigne de votre valeur unique. Plutôt que de vous contenter de quelqu'un qui n'est pas prêt, donnez-vous le crédit d'illuminer la vie de ceux qui apprécient réellement votre essence. Continuez à cultiver votre authenticité et votre bienveillance, car ce sont des qualités qui captivent et inspirent les autres à se préparer pour une connexion significative. N'ayez pas peur d'être vous-même, car c'est dans cette authenticité que votre lumière brille le plus fort. Soyez consciente de votre propre valeur et ne vous contentez pas de moins que ce que vous méritez. Les personnes prêtes à s'ajuster et à évoluer pour vous inclure dans leur vie sont celles qui comprennent la rareté de la chaleur que vous apportez. En permettant à votre lumière intérieure de briller, vous attirerez naturellement ceux qui sont prêts à s'aligner sur la fréquence de votre amour et de votre énergie.

Zakaryae Jilal

SILENCE DÉÇU

"

Parfois, on devient distante et silencieuse lorsque les actions nous déçoivent au point que les mots ne peuvent plus guérir.

UN INSTANT POUR SOI "

SAGESSE SOUS-JACENTE

Il est tout à fait normal de ressentir le besoin de se retirer et de rester silencieux lorsque les actions des autres nous déçoivent profondément. Laisse-moi te rappeler que tes émotions sont valides, et prendre du recul est une forme de protection personnelle. Dans ces moments, accorde-toi le temps nécessaire pour comprendre tes sentiments et évaluer la situation. Ne te précipite pas pour fournir des explications ou réponses immédiates. Prends le temps de te recentrer sur toi-même et sur ce qui est vraiment important pour ton bien-être émotionnel. Parfois, le silence parle plus fort que les mots, et c'est une manière puissante de faire comprendre l'impact des actions décevantes. Écoute ton intuition et fais preuve de compassion envers toi-même. N'oublie pas que tu as le droit de définir tes limites et de choisir qui mérite d'avoir une place significative dans ta vie. En honorant tes propres besoins émotionnels, tu t'offres la possibilité de guérir et de créer des relations plus équilibrées à l'avenir.

Zakaryae Jilal

CONFIANCE

“

Ne doute jamais de toi. Si tu as tout essayé, tout donné, et aimé du plus profond de ton cœur, il n'y a aucune raison de regretter. Ta vie est une histoire précieuse, avec chaque chapitre qui compte

UN INSTANT POUR SOI

”

SAGESSE SOUS-JACENTE

Tu es une force incommensurable, et il est essentiel de ne jamais douter de la valeur que tu apportes au monde. Lorsque tu as donné le meilleur de toi-même, exploré toutes les avenues et aimé avec une intensité sincère, aucun regret n'est nécessaire. Chaque effort, chaque épreuve, et chaque éclat d'amour contribuent à tisser la trame unique de ton existence. Ta vie est une histoire en constante évolution, un livre où chaque chapitre reflète ta croissance, ta résilience, et tes triomphes.

Souviens-toi que même lorsque les résultats ne correspondent pas à tes attentes, chaque expérience te façonne d'une manière précieuse. Chaque défi surmonté est une victoire qui t'appartient. Aie foi en ta capacité à surmonter les obstacles, à apprendre des revers, et à continuer à écrire les pages inspirantes de ta vie. Chaque moment est une opportunité de grandir, d'apprendre, et d'ajouter une nouvelle nuance à la belle toile de ton existence. Crois en toi, car tu es l'auteur et le protagoniste de ton histoire, une histoire qui mérite d'être chérie et célébrée.

Zakaryae Jilal

RELATION AUTHENTIQUE

“

Tout ce que je désire vraiment, c'est une relation où la sincérité et l'affection sont les piliers de ma connexion.

UN INSTANT POUR SOI ”

SAGESSE SOUS-JACENTE

Il est admirable de rechercher une relation fondée sur la sincérité et l'affection. Permet-moi de te rappeler que tu mérites une connexion profonde et authentique. Prends le temps de t'immerger dans tes propres valeurs et de reconnaître ce qui est essentiel pour toi dans une relation. N'aie pas peur d'affirmer tes besoins et de communiquer ouvertement avec ton partenaire. La clé réside dans la compréhension mutuelle, la transparence et la bienveillance. Reste fidèle à toi-même et ne compromets pas tes principes pour plaire à quelqu'un d'autre. Si tu investis dans une relation sincère, sois prêt à offrir la même authenticité que tu recherches. Ne crains pas d'être vulnérable, car c'est souvent là que se tissent les liens les plus forts. Si à un moment donné tu ressens que la sincérité ou l'affection font défaut, sois prêt à évaluer la situation et à prendre des décisions éclairées pour préserver ta paix intérieure. Tu es digne d'une relation épanouissante, où chaque pilier est construit sur l'amour, le respect et la compréhension mutuelle.

Zakaryae Jilal

ÉPHÉMÈRE

> Tout est temporaire, les émotions, les sentiments, et même les gens. Apprends à savourer chaque moment, car il ne durera pas éternellement

UN INSTANT POUR SOI

SAGESSE SOUS-JACENTE

Comprendre la nature temporaire de tout dans la vie est une sagesse précieuse. Les émotions, les sentiments, et même les relations sont sujets au changement. Plutôt que de craindre cette impermanence, embrasse-la comme une invitation à vivre pleinement chaque instant. Les moments de joie, de tristesse, et d'amour sont comme des passages dans le livre de ta vie, chacun contribuant à l'histoire qui te définit. Savoure chaque sourire, chaque larme, et chaque étreinte, car ils sont autant de cadeaux éphémères.

Apprends à être pleinement présent dans le maintenant, car c'est là que la vraie magie de la vie se dévoile. Les peines ne dureront pas éternellement, tout comme les moments de bonheur. Cela ne signifie pas que tu devrais craindre l'avenir, mais plutôt que tu devrais apprécier le présent. Investis-toi dans les relations, mais avec la conscience qu'elles peuvent évoluer. En acceptant l'éphémère, tu libères de l'espace pour la croissance, la découverte, et l'épanouissement personnel. La vie est un flux constant, et chaque vague apporte avec elle des leçons précieuses. Alors, danse avec la temporalité de la vie, et trouve la beauté dans chaque moment, sachant qu'il est unique et ne reviendra pas.

Zakaryae Jilal

VIE PRIVÉE

❝

Date en privé, aime en privé. Trouve le bonheur en privé, vis ta vie en privé. Réussis en privé, apprends de tes échecs en privé, et reconstruis-toi en privé. Ta vie t'appartient, vis-la selon tes propres termes

UN INSTANT POUR SOI ❞

SAGESSE SOUS-JACENTE

Prends le temps de construire tes expériences amoureuses en toute discrétion, en réservant ces moments intimes à toi et à ton partenaire. L'amour est une chose personnelle et précieuse, alors protège-le en le vivant dans l'intimité. Trouve la source de ton bonheur au sein de toi-même, plutôt que de le chercher dans la validation extérieure. Vis ta vie selon tes propres normes et aspirations, car c'est ton parcours unique. En privé, permets-toi d'échouer et de tirer des leçons de ces moments sans jugement extérieur. La reconstruction personnelle est un voyage intime, fais-le à ton propre rythme. Souviens-toi toujours que ta vie t'appartient, et chaque choix que tu fais devrait être en accord avec tes valeurs et tes rêves. En respectant ta vie privée, tu cultives un espace où tu peux t'épanouir librement, loin des attentes et des opinions des autres.

Zakaryae Jilal

FIDÉLITÉ

“

Les gens reviendront dans votre vie après avoir été déçus par ceux qu'ils pensaient être meilleurs que vous. Restez fidèle à vous-même, car votre authenticité attire ceux qui vous apprécient réellement

UN INSTANT POUR SOI ”

SAGESSE SOUS-JACENTE

Il est inévitable que certaines personnes reviennent dans ta vie après avoir réalisé que d'autres ne correspondent pas à leurs attentes. Dans ces moments, il est essentiel de rester fidèle à toi-même. Reconnaître et célébrer ton authenticité est la clé pour attirer des relations authentiques. Ne te perds pas dans l'illusion de devenir ce que les autres attendent de toi. Lorsque tu es vrai et fidèle à tes valeurs, tu attires naturellement des personnes qui te comprennent et t'apprécient pour qui tu es réellement. Reste ouvert aux nouvelles connexions, mais ne compromets pas ton authenticité pour plaire aux autres. Les relations significatives se construisent sur la base de la transparence et de l'acceptation mutuelle. En t'accrochant à ta véritable nature, tu t'assures que les liens que tu formes sont profonds et sincères, car ils sont construits sur une fondation solide et authentique.

FORCE FÉMININE.

“

Personne ne traverse autant de défis dans sa vie qu'une femme au cœur généreux. Sa force réside dans sa capacité à aimer, à donner, et à surmonter

UN INSTANT POUR SOI

”

SAGESSE SOUS-JACENTE

La vie te place devant des défis, mais rappelle-toi que personne ne navigue à travers autant d'épreuves qu'une femme au cœur généreux. Ta force est inscrite dans chaque acte d'amour, dans chaque don désintéressé que tu offres au monde. La capacité à aimer profondément et à donner sans attendre en retour est un don exceptionnel que tu possèdes. Cependant, ne sous-estime jamais la résilience qui se cache derrière cette générosité.

Les moments difficiles ne sont pas une indication de faiblesse, mais plutôt une manifestation de ta force intérieure. Tu as le pouvoir non seulement de supporter les tempêtes de la vie, mais aussi de les transformer en opportunités de croissance. En embrassant ta propre force, tu deviens une source d'inspiration pour ceux qui t'entourent. Prends soin de toi comme tu prends soin des autres, car ta bienveillance mérite d'être réfléchie envers toi-même. Que chaque défi soit perçu comme une occasion de révéler ta force intérieure et de t'épanouir. Tu es une force de la nature, capable de surmonter, d'aimer, et de briller, même dans l'obscurité.

Zakaryae Jilal

EXCUSES VIDES

> Ma dernière relation m'a enseigné que les excuses sans changement ne sont que de la manipulation. Ne tombez pas dans le piège de faux remords, choisissez des relations authentiques.

UN INSTANT POUR SOI

SAGESSE SOUS-JACENTE

Lorsque les excuses deviennent une habitude sans véritable changement, il est crucial de reconnaître ce schéma. Ne laissez pas les faux remords vous piéger dans des relations qui n'évoluent pas. Apprenez à distinguer les excuses sincères des manipulations. Les relations authentiques sont basées sur l'évolution constante, où les mots sont suivis d'actions tangibles. Prenez le temps de reconnaître votre propre valeur et ne tolérez pas une situation qui ne vous apporte pas la croissance et l'épanouissement que vous méritez. L'autorisation de choisir des relations authentiques vient du pouvoir que vous avez sur votre propre vie. Investissez dans des relations où le changement positif est une réalité, pas simplement une promesse. Cela vous permettra de construire des liens significatifs basés sur la confiance et la croissance mutuelle. N'ayez pas peur de prendre des décisions difficiles pour préserver votre bien-être émotionnel. Vous méritez des relations qui reflètent votre valeur intrinsèque et qui contribuent à votre épanouissement personnel.

Zakaryae Jilal

“

La déception naît souvent de nos attentes exagérées envers autrui. Apprenons à apprécier les gens pour ce qu'ils sont, pas pour ce que nous voudrions qu'ils soient

UN INSTANT POUR SOI ”

SAGESSE SOUS-JACENTE

La vie est une danse complexe entre nos espoirs et la réalité. Parfois, nous nous perdons dans les chimères de nos attentes, et la déception surgit lorsque la réalité ne correspond pas à nos rêves. Cependant, il est essentiel de reconnaître que chaque individu est unique, avec ses forces et ses faiblesses. Apprendre à apprécier les gens pour ce qu'ils sont, sans les juger à l'aune de nos idéaux, peut être une source de libération.

En reconnaissant et en ajustant nos attentes, nous nous offrons la possibilité d'embrasser la richesse de la diversité humaine. Cela nous permet également d'éviter les déceptions inutiles et de cultiver des relations plus authentiques. L'empathie devient notre guide, nous permettant de comprendre les autres dans leur intégralité, avec leurs qualités et leurs imperfections. En fin de compte, cette approche peut ouvrir la porte à des connexions plus profondes et significatives, en libérant le pouvoir du moment présent et en embrassant la beauté de la réalité telle qu'elle est.

Zakaryae Jilal

AMOUR RESPECTUEUX

“

La frontière de mon amour s'arrête là où la détérioration de ma santé mentale commence. Je choisis de préserver mon bien-être, même dans les relations les plus chères

UN INSTANT POUR SOI ”

SAGESSE SOUS-JACENTE

Il est crucial de reconnaître que la santé mentale est une priorité absolue dans la vie. Prendre conscience des limites de votre amour est un acte de sagesse et d'autoprotection. Si une relation commence à compromettre votre bien-être émotionnel et mental, il est essentiel de définir des frontières claires. Cela ne signifie pas que vous cessez d'aimer, mais plutôt que vous choisissez de vous aimer également. Reconnaître cette frontière peut être difficile, mais c'est un pas vers une vie plus équilibrée et épanouissante. Opter pour la préservation de votre santé mentale est un acte d'amour envers vous-même, et cela vous permettra d'entretenir des relations plus saines à long terme. Prioriser votre bien-être émotionnel est une déclaration puissante de votre amour-propre et une clé pour une vie émotionnelle stable et enrichissante. En définissant ces limites, vous vous offrez la possibilité de croître, de guérir et de vous épanouir dans des relations qui favorisent votre bonheur et votre santé mentale.

Zakaryae Jilal

AFFIRMATION

“

Arrête d'être surprise lorsque de bonnes choses t'arrivent. Tu es une personne exceptionnelle, et ce que tu reçois est le reflet de ce que tu mérites

UN INSTANT POUR SOI ”

SAGESSE SOUS-JACENTE

Parfois, la vie nous réserve des moments merveilleux qui peuvent nous surprendre. Il est important de reconnaître que ces moments positifs ne sont pas le fruit du hasard, mais plutôt une manifestation de ta valeur et de ton mérite. Ton caractère exceptionnel, tes efforts et ta persévérance contribuent à créer ces opportunités positives. Lorsque de bonnes choses se produisent, ne sois pas étonnée, mais accepte-les avec gratitude, sachant que tu les as attirées grâce à ta force intérieure et à ta positivité. Continue à cultiver les aspects positifs de ta personnalité, car c'est cette lumière intérieure qui illumine ton chemin et attire des expériences positives. Reste fidèle à toi-même, reconnais ta propre valeur et continue à construire une vie qui te comble de bonheur et d'accomplissement. N'oublie jamais que tu mérites toutes les belles choses que la vie a à t'offrir.

Zakaryae Jilal

RÉVÉLATION TEMPORELLE

“

En définitive, le temps dévoile constamment le véritable visage des personnes.

UN INSTANT POUR SOI ”

SAGESSE SOUS-JACENTE

Il est naturel de vouloir croire en la meilleure version des personnes que nous rencontrons, mais au fil du temps, leurs actions et leurs choix révèlent souvent leur véritable nature. La clé est de rester attentif aux signes, de reconnaitre les actions réelles plutôt que de se perdre dans les illusions. Lorsque les comportements dévoilent des aspects inattendus, ne sacrifie pas ta paix intérieure en essayant de justifier l'injustifiable. Apprends à te faire confiance et à te protéger des influences toxiques. Ne considère pas la révélation de la véritable nature des gens comme une défaite, mais plutôt comme une opportunité de mieux t'entourer de relations qui te soutiennent et t'apportent du bonheur. La sagesse vient souvent avec le temps et l'expérience, alors sois patient et laisse les vérités se dévoiler naturellement. Investis ton temps et ton énergie dans des relations authentiques qui contribuent positivement à ta vie, plutôt que de gaspiller ton potentiel sur des liens qui ne servent pas ton bien-être. En fin de compte, c'est en reconnaissant et en acceptant la réalité des choses que tu te libères pour accueillir des relations plus saines et significatives.

Zakaryae Jilal

PRÉSERVE-TOI

“

Préserve-toi ; moins tu partages, mieux c'est pour ton bien-être.

UN INSTANT POUR SOI ”

SAGESSE SOUS-JACENTE

Au sein de l'effervescence du quotidien, rappelle-toi que préserver une part de toi-même n'est pas un acte d'égoïsme, mais plutôt une nécessité sacrée. Moins tu disperses ton énergie dans mille directions, plus tu nourris la source intérieure de ton bien-être. Dans la quête du bonheur, apprends à équilibrer le don de soi avec la préservation de ton intégrité. Ne sacrifie pas ton essence au nom d'une générosité épuisante.

En définissant des limites, tu ériges des remparts bienveillants autour de ton être. Moins tu partages superficiellement, plus tu te connectes profondément à toi-même. Choisis la qualité de tes relations et de tes investissements émotionnels au lieu de la quantité. En préservant ton essence, tu deviens le gardien de ton propre bien-être, bâtissant un sanctuaire intérieur où la paix et l'harmonie peuvent fleurir. Souviens-toi, préserver ne signifie pas se fermer au monde, mais plutôt s'ouvrir à une compréhension plus profonde de ce qui nourrit véritablement ton âme.

Zakaryae Jilal

AFFECTION IMMUABLE

“

Quand une femme aime un homme, elle le fait de tout son cœur. La seule personne qui peut détruire cet amour, c'est cet homme lui-même

UN INSTANT POUR SOI

”

SAGESSE SOUS-JACENTE

Lorsque tu es l'objet d'un amour sincère et profond, ne sous-estime jamais le pouvoir que tu as sur cette relation. Reconnais la valeur de l'affection que tu reçois, et sois conscient de la responsabilité qui vient avec. L'amour d'une femme est un trésor précieux, mais il nécessite également le respect, la compréhension et l'engagement de la part de celui qui le reçoit. Ne prends pas cet amour pour acquis, mais reconnais-le comme une bénédiction qui demande à être nourrie et protégée. Sois un gardien attentif de cet amour, en veillant à ne pas causer de tort à ce lien fragile. Lorsque tu reconnais la puissance de cet amour, tu réalises que le bien-être de cette relation dépend souvent de tes propres actions et choix. Prends soin de l'amour qui t'est offert, et tu verras qu'il peut être un catalyseur pour une vie pleine de bonheur et d'épanouissement.

“

La seule personne avec laquelle tu devrais te comparer est la personne que tu étais hier

UN INSTANT POUR SOI ”

SAGESSE SOUS-JACENTE

Se comparer aux autres peut souvent sembler tentant, mais je tiens à te rappeler qu'il y a une seule comparaison qui importe vraiment : celle avec la personne que tu étais hier. La croissance personnelle est un voyage individuel, et chaque journée offre l'opportunité d'être une version améliorée de toi-même. Plutôt que de te laisser emporter par les comparaisons externes, concentre-toi sur ton propre progrès. Prends le temps de réfléchir sur tes réalisations, petites ou grandes, et célèbre les progrès que tu fais chaque jour. Chaque étape que tu franchis est une victoire personnelle, et c'est cela qui compte vraiment.

N'oublie pas que chaque personne a son propre chemin, avec ses hauts et ses bas uniques. Focalise-toi sur tes propres objectifs et valeurs, et mesure ton succès en fonction de la personne que tu cherches à devenir. Sois bienveillant envers toi-même, car la comparaison avec ton propre passé devrait être une source d'inspiration plutôt qu'une source de stress. En te concentrant sur ta croissance personnelle, tu cultives une confiance intérieure qui va au-delà des comparaisons extérieures. Tu es la seule mesure qui compte vraiment dans ta propre histoire d'évolution.

Zakaryae Jilal

Chère lectrice, cher lecteur

Je tiens aujourd'hui à exprimer ma profonde gratitude à chacun d'entre vous qui a choisi de faire un bout de chemin avec moi à travers les pages de mon livre. Votre soutien signifie le monde pour moi, et j'espère sincèrement que cette expérience de lecture a été aussi enrichissante pour vous que l'a été pour moi de la partager.

J'espère que vous avez trouvé des moments de réflexion, de connexion, et peut-être même des instants où vous vous êtes retrouvés dans les méandres des citations. Chaque mot a été choisi avec soin dans l'espoir de créer une expérience significative et personnelle pour vous.

Si vous avez apprécié cette aventure littéraire, je vous invite cordialement à partager votre expérience en laissant un commentaire sur Amazon. Votre feedback est non seulement précieux pour moi, mais il guide également d'autres lecteurs dans le choix de leur prochaine lecture.

Merci encore pour votre soutien continu. C'est grâce à des lecteurs passionnés comme vous que l'écriture prend tout son sens. Au plaisir de continuer ce voyage littéraire ensemble.

Avec gratitude,

Zakaryae Jilal

Printed by Amazon Italia Logistica S.r.l.
Torrazza Piemonte (TO), Italy

61086792R00107